荆楚文庫

〔宣統〕湖北嘉魚縣鄉土志

佚名 修纂

〔民國〕通山縣鄉土志畧

余六鰲 纂修

〔民國〕蒲圻縣鄉土志

宋衍綿 修纂

〔民國〕乾鎮驛鄉土志

周慶璋 纂

荆楚文庫編纂出版委員會

湖北人民出版社

荆楚文庫

〔宣統〕湖北嘉魚縣鄉土志
XUANTONG HUBEI JIAYUXIAN XIANGTUZHI

〔民國〕通山縣鄉土志畧
MINGUO TONGSHANXIAN XIANGTUZHILUE

〔民國〕蒲圻縣鄉土志
MINGUO PUQIXIAN XIANGTUZHI

〔民國〕乾鎮驛鄉土志
MINGUO GANZHENYI XIANGTUZHI

圖書在版編目（CIP）數據

〔宣統〕湖北嘉魚縣鄉土志 / 佚名修纂. 〔民國〕通山縣鄉土志畧 / 余六鰲纂修. 〔民國〕蒲圻縣鄉土志 / 宋衍綿修纂. 〔民國〕乾鎮驛鄉土志 / 周慶璋纂.
武漢：湖北人民出版社，2024.9.
ISBN 978-7-216-10892-8
Ⅰ.K296.34
中國國家版本館 CIP 數據核字第 2024W682T3 號

責任編輯：陳　典　王玉蘭
整體設計：范漢成　曾顯惠　思　蒙
美術編輯：董　昀
責任校對：范承勇
責任印製：肖迎軍
出版發行：湖北人民出版社（中國・武漢）
地址：武漢市雄楚大道 268 號
電話：(027)87679656　郵政編碼：430070
録排：武漢鑫偉創圖文設計有限公司
印刷：湖北新華印務有限公司
開本：787mm×1092mm　1/16
印張：28.75
字數：400 千字
版次：2024 年 9 月第 1 版　2024 年 9 月第 1 次印刷
定價：168.00 元

ISBN 978-7-216-10892-8
9 787216 108928

《荆楚文庫》工作委員會

主　　任：王蒙徽
副 主 任：諸葛宇傑　琚朝暉
成　　員：黄泰巖　余德芳　何麗君　劉海軍　周　峰
　　　　　李述永　夏立新　謝紅星　劉仲初　黄國斌

辦公室

主　　任：蔡静峰
副 主 任：董緒奎　唐昌華　周百義

《荆楚文庫》編纂出版委員會

主　　任：王蒙徽
副 主 任：諸葛宇傑　琚朝暉
總 編 輯：郭齊勇　馬　敏
副總編輯：熊召政　劉海軍
編委（以姓氏筆畫爲序）：朱　英　邱久欽　何曉明
　　　　　周百義　周國林　周積明　宗福邦　陳　偉
　　　　　陳　鋒　張良成　張建民　陽海清　彭南生
　　　　　湯旭巖　趙德馨　蔡静峰　劉玉堂

《荆楚文庫》編輯部

主　　任：周百義
副 主 任：周鳳榮　周國林　胡　磊
成　　員：李爾鋼　鄒華清　蔡夏初　王建懷　鄒典佐
　　　　　梁瑩雪　丁　峰

出版説明

湖北乃九省通衢，北學南學交會融通之地，文明昌盛，歷代文獻豐厚。守望傳統，編纂荆楚文獻，湖北淵源有自。清同治年間設立官書局，以整理鄉邦文獻爲旨趣。光緒年間張之洞督鄂後，以崇文書局推進典籍集成，湖北鄉賢身體力行之，編纂《湖北文徵》，集元明清三代湖北先哲遺作，收兩千七百餘作者文八千餘篇，洋洋六百萬言。盧氏兄弟輯録湖北先賢之作而成《湖北先正遺書》。至當代，武漢多所大學、圖書館在鄉邦典籍整理方面亦多所用力。爲傳承和弘揚優秀傳統文化，湖北省委、省政府決定編纂大型歷史文獻叢書《荆楚文庫》。

《荆楚文庫》以『搶救、保護、整理、出版』湖北文獻爲宗旨，分三編集藏。

甲、文獻編。收録歷代鄂籍人士著述，長期寓居湖北人士著述，省外人士探究湖北著述。包括傳世文獻、出土文獻和民間文獻。

乙、方志編。收録歷代省志、府縣志等。

丙、研究編。收録今人研究評述荆楚人物、史地、風物的學術著作和工具書及圖册。

文獻編、方志編録籍以一九四九年爲下限。

研究編簡體横排，文獻編繁體横排，方志編影印或點校出版。

《荆楚文庫》編纂出版委員會

二〇一五年十一月

總目録

荆楚文庫

〔宣統〕湖北嘉魚縣鄉土志

〔清〕佚名 修纂

《荊楚文庫·方志編》編纂組

組　　長：賀定安　陽海清（執行）

副 組 長：劉傑民（執行）　王　濤　謝春枝　范志毅（執行）

參編人員（以姓氏筆畫爲序）：

王　濤　李云超　宋澤宇　范志毅　馬盛南　柳　巍　陳建勛

梅　琳　張文静　張雅俐　陽海清　彭余焕　彭筱澂　賀定安

楊萍　楊愛華　雷　静　劉傑民　謝春枝

編　　審：周　榮

顧　　問：沈乃文　李國慶　吴　格

前言

《〔宣統〕湖北嘉魚縣鄉土志》不分卷，佚名修纂，清末抄本。封面簽條題『湖北嘉魚縣鄉土志』，兹據封面簽條題定書名，參照《中國地方志總目提要》著録版本。

是抄本無纂人，無修纂年份，無序、跋、目録，無正式版式，不知修撰始末，全書約一萬餘字。其内容單一，僅分爲兵事、耆舊兩目，不合清末民初鄉土志之規範體例，疑爲未竟志稿，各目前有小序。『嘉魚居長江上游，一有兵警輒先當其鋒。』兵事收漢以後記於史書之重大戰事，有『東漢赤壁之役』，『東吴石頭之師』，『南宋白面山之捷』等六大戰役。『自古人才莫雄於楚，而吾邑分其善。』耆舊目下載嘉魚縣名人事業，録自《〔同治〕嘉魚縣志》人物中賢達、逸士、孝義諸目，文辭有異，簡於縣志。

《中國地方志聯合目録》《中國地方志總目提要》著録是志。《中國地方志聯合目録》載，中共中央黨校圖書館、中央民族學院圖書館藏有清末抄本。《中國地方志總目提要》鑒定爲宣統年間修，有清末抄本。中共中央黨校圖書館藏抄本，謄寫工整清麗，半頁八行，行二十一字，偶有脱漏。此本應爲契時代之需修撰，擱置未成，由北京市圖書出版同業公會收藏，後移交中共中央黨校圖書館。

二〇一六年，中國文史出版社《鄂南鄉土志三種·咸寧文史資料第十四輯》點校出版此志，稱其與《通山縣鄉土志》《蒲圻鄉土志》並列爲鄂南鄉土志三種，但史料價值顯遜。

兹據中共中央黨校圖書館藏抄本影印。（楊愛華）

目録

湖北

嘉魚縣鄉土志

嘉魚居長江上游一有兵警輙先當其鋒自漢以下凡
見諸史者可條舉也志兵事

東漢赤壁之役

漢興平戊子年孫權遣周瑜魯肅會劉備攻曹操鏖兵
赤壁乘東風縱火阿瞞以百萬之師雲飛鳥散莫可收
拾而奸魄為虓至今猶可想其戰績焉

東吴石頭之師

孫權征長沙權將呂蒙督兵過境即其縣屬之石頭城

馬遂名呂蒙城今故址尚存

南宋白面山之捷

韓世忠之敗劉忠也忠有衆數萬據邑之白面山營柵相望世忠至堅壁不動一夕潛入賊營假賊軍號周覽盡得其實遂設伏大破之劉忠遁走

南宋大蜀山之駐

岳飛之討楊太也太横行江湖大將王𤇆禦戰兵敗上遂授飛清遠軍節度使代𤇆討太馳兵本境築城於大

蜀山即名岳公城者而飛卒殲太於洞庭由是岳軍大著

明季闖賊之亂

闖以流寇禍天下後竄通山分掠嘉魚悍不可當千户黄惟言率族人伏兵禦賊烟墩嶺騎白馬突入賊營殺賊多人為賊砲傷身死而闖卒為通山鄉民所擒

本朝粤匪之變

咸豐壬子粤寇陷武昌所在盜起蔓延州縣本境受患

尤深邑人徐良櫝團兵禦寇手刃二賊力竭遇害已而土匪熊光宇等又入城爲亂舉火焚官署民舍知縣郭獲渠魁誅之事乃平

自古人才莫雄於楚而吾邑 分其善寶代有英流故或則舟楫巨川勳銘彝鼎或則綱維墜緒功在名山至於盡瘁鞠躬蒙難正志斯尤不朽焉若以修士而希冉閔之踪匹夫而踵夷惠之軌廉頑立懦所係亦閎皆尚論者所必及也志耆舊

事業

李義山字伯高其先宋人世居豐城後徙嘉魚之西保天性穎敏博極羣書嶄然見頭角受讀即解大義師事

晦菴南軒兩先生獨得其宗旨嘉定十三年賜進士第
初授衡州司户端平元年知章縣改授臨川遷吉州饒
州薄賦斂鋤强族芟莠民峻城深池善政犂然未幾除
樞密院編修又除知大宗正丞兼金部郎中敷奏詳明
上嘉納之魏國公稱其行美於瑜節介於石非溢譽也
後以明堂恩賜爵中大夫直秘閣豐城縣開國男食邑
三百户孫英以平寇功授岳州同知不受世高其操清
程堯臣元人也沉潛篤摯學有根柢與弟舜臣友于無

閭其心主於惠愛嘗臨湖見絶流而漁者有一船魚半船血之歎故李承基稱其爲仁人臣初名成以鄉人誣奏質於朝乃白順帝元統間改成爲臣賜第一區備極寵異

周怨豐義里人以鄉舉任岳池知縣在官廉明甫下車理滯獄起逋賦治諸冗弊若近刃解而舊尹之以叢脞黜者且得以復官焉未幾致仕

程鑑字叔明從龍之孫也性端愨終日如泥塑人不妄

發言而明足燭理遇事有定衡永樂乙未進士授刑部主事調營膳升虞衡郎中雖所司煩劇而操縱自如人益奇之大學士楊文定謂生平海内交遊有數如叔明者乃所願交也侍郎曹公以其才可大用將薦諸朝適鑑以使蜀卒論者惜之

李滄字朝宗為人端雅有學行鄉會試皆第一賜進士冠帶給俸入翰林讀書應制獻詩輒蒙恩賚歷官金谿教諭保甯教授學士李英曰人如朝宗僅為教官實屈

其才楊文定嘗題墨竹寄之有曰何當養就凌雲節製
作韶簫叶鳳鳴其見重如此厥後典廣西雲貴試事皆
稱得人上特詔立牌坊賜獅子於門年六十解組歸觴
詠自樂有叩關謁者無貴賤以禮接之人或折柬招必
往也其浩曠蓋可方之陶徵君焉

童以明字用昭資體荏弱而性量淵冲知縣莫震手裁
素峻不可近見公獨折節稱忘年交善事親長視叔如
父弱冠舉於鄉爲廣西遷江令見民氣不馴爲設教禁

冠婚喪祭隆殺有經民大悅即僻遠洞獠諸俗亦革心以從後卒於任年三十七貧乏幾難歸葬聞者惻然

程鵬字萬里為邑名孝廉初攝廣西河池篆地悍好戰鵬課農興學民氣以和後升滄州同知所居不蔽風日鵬俛仰逌然世以為不可及

李瑁字伯温西保人以貢入太學選授江山知縣居官有惠政時閩浙患海寇勦能攖其鋒瑁捧檄征勦所至盪平撫臣上其功請優擢懇辭歸里

李田字舜耕由進士歷官至巡撫骨格嶙峋秉直無枉
其任刑部主事也出監臨清糧務一掃積蠹丁母艱服
闋除山西司郎中四川蠻叛朝廷命將出師以尚書楊
鼎薦督軍餉至則芻粟山積應接不窮節制屬官所令
悉如約事平升布政司左參議久次得廣東瓊州蠻叛
僭號僉議請兵於朝田以為不便直渡江發近郡兵捕
渠惡斬之火其巢穴服器而還民以安堵有勸之獻俘
論功者田不可久之冢宰尹名晋田左參政扼於權貴

不果權貴人罷升右布政使尋轉福建左布政使其為政澄心默運具有體要升順天巡撫時政賦煩重貴戚巋恣多裁抑之卒祀鄉賢詳見邑乘

孔儒字宗學人品高明氣節傾一時景泰庚午鄉薦丁丑會試闈中不戒於火官司且遁試者不得出儒升牆端引手拯出人無算事聞上索牆端舉子姓名僉以儒對遂召入俞勞有差未終闈即賜進士第授巡城監察御史拜命數上疏動關大計會星變條陳災異指斥無

所忌諱清軍南漸風聲肅然終廣西慶遠府知府致仕家居端重拱默絶跡公庭見里人時戒以游惰而矜躁之士尤為所遠故親炙者皆興起云

吴廷舉字獻臣正直端嚴達不離道成化二十三年進士始任廣東順德知縣廉明卓著異口同聲惟不阿權璫失上官意御史汪公惡其抗上以他事逮按公囚服就獄有環而泣者卒不得間御史為是慚而止尋升成都府同知未幾升兵備討廣東羣盗逆瑾擅權大臣多

屏息公屢發其私瑾銜之矯旨坐謫雁門瑾誅起雲南兵備副使尋升江西右參政討桃源賊備經盤錯始奏虜功嶺表猺獞亂作多方撫定甯王宸豪有逆謀疏陳六事以預防其變此皆竭智盡忠報國之大者歷官至工部尚書致仕歸所居湫隘敝衣疏食田無負郭没之日總督姚鏌庇其喪公清洪里人以祖戍梧州遂隸戍籍嘗手植引松自湖廣至粤濃陰夾道亦公之甘棠也隆慶間追錄賜葬祭贈太子少保謚清惠祀鄉賢

李承勛字立卿田之子也宏治壬子舉於鄉癸丑成進士初篆大湖至官勵精圖治教育有方悍俗為變徵南刑主事升户部郎中遷南昌知府正德六年贛州靖安諸寇蜂起而華林賊又陷端州公痛勦之又以計擒桃源賊首王浩功冠一時宸豪謀變欲陷公公挺然特立卒稱治最升江西按察使轉陝西左右布政使遷遼東巡撫一切芻粟之費皆出羨積事聞晋一級隨以久勞軍務乞休嘉靖初起南台轉南刑部侍郎晋尚書疏論

弭災異濬河道悉如所請召為吏部尚書疏辭乃加太子少保又陳列時務悉稱旨徙兵部尚書兼都御史提督團營加太子太保欲用為吏部尚書不果公尋卒謚康惠公有度量才兼文武深明治體曉暢軍機故建樹為多而雄偉之概自幼已見嘗傳週歲試以諸物公獨按劍天生李晟以為社稷非偶然也清儉如布衣身後家無餘貲子敉益府長史詳見明史列傳補遺

尹相字商衡號介石穎悟夙成博淹羣籍而於制藝尤

精行文流水走筆天然學憲許公衡其文為之擊節者再三由進士授行人尋升南刑科給事中其為政一以利國便民為主而不流於煩苛嘉靖十五年太廟災陳六事明年雷火災又陳五事俱洞中時弊立可施行至糾武定侯配享霍尚書紛更忤世勳犯權寵尤人所難旋丁憂起補禮科左給事中晋吏科都給事中時嚴嵩父子攬朝權縉紳家爭阿之如蠓附羶公除朝會外不一見會御史何維柏論嵩嵩疑公授意使人浼公毋發

邸報公不納嵩奏公黨維柏世宗怒並下獄廷杖公顔色不撓如平時椒山楊公歎之曰如尹子可謂蒙難正志矣再閱月始釋削籍歸里公家居卉服黄冠與田夫野叟相問答復從蔣道林信講道以樂其志台省屢薦不起穆宗即位追録言官晋中議大夫太常少卿又八年而卒祀鄉賢

方逢時字行之號金湖弱冠舉進士初為縣令歷任宜興甯津曲周皆有惠政未幾遷甯國知府廣東江西盜

起擢公廣東兵備副使與參將俞大猷坐鎮伸威公至
申明約束秣馬厲兵遂平賊於程鄉間移巡惠州所居
民樂隆慶初調山西備兵宣府去之日士民攀號車不
得達又請公年月日留衣冠為建生祠以祀之尋升右
僉都御史巡撫遼東及俺荅犯大同即移大同伏兵部
俺荅後俺荅孫把漢來降又與總督王崇古定計挾把
漢索叛人趙全等把漢卒縛趙全以歸而通使如故上
嘉其功賞賚良厚公才畧明練安邊有法其分巡口北

時親行塞外洞察情形疏請設險尤為詳盡實與王崇
古首尾相濟故功名不在其後至貢市之舉惟崇古獨
成之萬歷五年以宣大總督召理戎政時議者爭言貢
市公疏辨之謂封疆之事無常形何必貢市非而戰守
是哉尋代崇古為尚書署吏部事加太子太保以平兩
廣功進少保累疏乞歸御書忠孝二字賜之二十四年
卒世襲蔭子祀鄉賢詳見明史列傳補遺
李沂字景魯號太清誕時其母夢飛虬遶庭柱光燄熊

熊逆知其異幼工詩大似長吉萬歷十四年進士改庶常嘗與修大明會典既成賜宴又從上祀南郊幸辟雝有詩紀事一日試玉壺冰賦公援筆立就上歎賞不輟升吏部給事中時東廠閹騡持魁柄橫恣不可制御史何出光馬象乾先後劾騡上不罪公拜官未久即上疏請治語引馮保宋坤上怒謂公欲為保等復仇下詔獄廷杖大臣抗章論救不報公臨刑呼太祖高皇帝者三已而天日風霾上感悟乃釋之削籍歸里明年騡戍江

南公家居十八年上後思公復冠帶尋卒光宗登極贈
光祿少卿祀鄉賢公著有中秘草正氣集鍼俗篇行世
李燎字景穎號幼泉由進士司理衢州廉公有威人稱
其清操如雪執憲如山不敢犯升南銓部主選政母憂
歸歠粥衣疏廬墓終制起補禮部主客司命册封蜀王
王所遺悉不受未幾晋太僕少卿三疏乞休不報家居
四載讀書大崖寺中嘯傲烟霞怡然自得上屢檄趣之
赴京官光祿寺卿甫三月而卒公至性孝友與人肫誠

事關利害銳意興革功在桑梓尤多如長隄漁課諸務皆所裁定焉萬歷間朝廷遣官致祭

金聲字正希一字子駿天姿卓越沉毅有為制藝為八家之冠世號金嘉魚入塾即以不見孔子為恨師事雲中龍先生龍公教綦嚴故所詣獨粹年十三河西葛公澹淵尹嘉魚時有才儈負太公貲太公質諸尹曰彼所恃青衿耳某有子亦已屬文雖幼可與試尹試之文果奇遂責償所負而賜之額曰間出真英明年補博士弟

子員越五載湖南葛瞻屺先生督學莅楚公往試葛公
拔公卷首諸生魚山卷首童子更以魚山次公後魚山
公故人也戊午魚山膺鄉薦公見天下多故遂延武人
演軍法已而謁葛先生於武陵讀書西湖上又往拜覺
來大師癸亥以册后恩授明經甲子廷試肄業南雍大
司成羅公閱公卷謂當是習靜禪室者乃能之輒置弟
一是年順天鄉試冠本房崇禎元年成進士授庶吉士
公雖登大名而了無喜色己巳秋東師逼畿輔上御平

台召羣臣問方畧衆莫敢言公慷慨陳詞謂天下尠有任事者必欲得其人則莫如蜀人劉之綸與申甫劉故持重而申甫則好談兵畧敢於自負名甫入上令申甫以散官隨劉公入對皆稱旨上大悅即日升劉兵部侍郎督勦授甫副總兵團練出征舉朝側目士卒器械所求多不應公疊疏不報草草出車而與大將滿桂等又不相能以故東師乘其不備甫陣没劉亦中矢身𣪘公上疏自劾又疏請上日御文華殿與台諫論政事言未

納疏乞歸八年春起山東僉事疏辭鄉郡多盜起團練
禦之十六年鳳陽總督馬士英遣使徵兵貴州監紀失
律過樂平吏民擊之抵嶽境又以為賊而追破其衆使
者以聞誣公主使公疏入即白是年廷臣交薦公方入
見未赴而京師陷福王即位南京擢公左僉都御史堅
不起及南京破列郡瓦解公糾集士民固守唐王授公
右都御史兼兵部右侍郎督諸道軍未幾公左右為兵
所得險盡失公遂殉焉唐王贈公禮部尚書謚文毅公

生平篤於倫誼父疾晝夜侍湯藥不卧榻上者三閱月
母卒在道聞訃痛幾絕師龍公下世其子孤子公厚撫
之其大節如此所著有尚志堂集行世卒年四十八
尹民興字宣子號洞庭崇禎初舉進士聲名籍甚歷任
甯國涇縣知縣剔奸釐蠹衆頌神明行取入都為人所
訐謫福建按察司檢校旋丁艱服闋候銓疏陳十四事
上悦用為職方主事召對平台陳兵務悉稱旨轉員外
晉郎中往時職方多納賂而公獨絕苞苴一介不取參

不職文武數人上皆可其奏晋太僕寺少卿凡邊情軍
機知無不言朝廷方倚為重會周延儒督師命公贊畫
延儒被遣公亦除名福王立起故官未幾南京陷歸卒
於家

熊開元字元年號魚山天啓進士為崇明令有善政轉
調吴江履任六年民尤德之以績遷守省垣因前任頞
賦未滿貶二秩調外久之補行人副使晋吏科給事中
崇禎十五年京畿告警帝召廷臣陳時事公請獨對召

入德政殿請屏閣臣時延儒為首輔不稱職公欲論之
延儒求退上不可公遂出翌日補牘上大怒令錦衣衛
逮治並嚴詰主使公不承而愈發其隱由是下獄廷杖
御史劉宗周請釋上不允十七年始出福王召起吏科
給事中母憂未赴唐王立予官至東閣大學士公遁跡
於蘇州之靈巖寺以浮屠終

尹奇逢字辰諸生有異質博學能文每試輒高標由拔
萃科中副車崇禎庚午舉於鄉辛未成進士授江西德

化令丁内艱服除補茂名清廉愛民稱循吏升南刑主
事以督餉奏最權知山東濟南府府轄三十州縣任極
繁公整躬率屬綱舉目張一郡大治尋升兵備道未久
去職公有孝行事繼母克諧待諸弟友愛逾常凡資産
悉以分給而自屏諸别業

國朝或薦公提督兩廣軍門未赴任
易昆天性伉爽而狀貌不羣少時棄書精武畧康熙乙
酉宴鷹揚壬辰成進士初官侍衛復補陝西凉州衛守

備兼理屯務調甯夏鎮靈營軍民受賜感慕至今乾隆

丙辰

特恩引見授江西南康營守備調福建邵武守備護理台灣

協鎮印務公至孝得官時告假歸省依依作孺子思父

老為歎息

周琢字廷章康熙甲午舉人生員琳舉人玫之弟也事

親克孝與兩昆篤友于鄉人敬之乾隆己巳邑侯顏元

置義學一區聘進士房逢年為主請以琢董其事申報

上憲大中丞唐賜額曰立身　公正邑侯額曰惠流桑梓
以示奬異年八十三卒
房逢年字崴成幼敦敏善屬文由進士主湖南岳麓書
院五年門下多才登賢書者二十餘人當事以公文行
聞於上
御書道南正脉匾賜之又主本城鳳鳴書院四載造就亦衆
丁卯壬申兩舉鄉飲大賓巡撫唐贈額曰品　高望重性
孝友隣里推服所著文集有湖南督學倪公大理卿張

公叙而行之子孫謹守先訓世列宫牆

程汝魯字宗傳號唯一進士程公臨川子也性敏甫四歲能於祖父膝上誦蘭亭滕王閣諸序當己吒為異才己酉登鄉榜兩試禮闈不第乾隆間截取知縣未赴後改荆州府監利縣教諭至官整飭倫行學校以肅勤月課等其優者捐俸以賞之邑有學租以恤寒士向為廣文中飽有名鮮實公為按名均給士荷其德改組時爭餞於途悵然若失主講風鳳鳴書院有年成名者指不

勝屈

尹侃號衡峯穎悟異常少年即列諸生鄉薦後遊京師十餘年卒成進士知沙河縣政平訟理大為上游所器遷深州升保定府居官二十餘年去時清風兩袖送者相與太息後為天津院長卒於館舍年八十有一公本寒素而慷慨好義嘗捐産以助家廟之祭又買麥地值千金入書院以佐膏火子均雯由廩貢授漢陽府訓導其後裔能續書香

程鉦字錫五號臨川子程子伊川裔也生平敦孝友天真爛熳讀書過目成誦經史子籍淹貫無遺其制藝直抉古人蘊奥不屑就時趨棘闈十餘次未售志不衰壬子領鄉魁癸丑成進士是科六十以上者

命予内地大尹辭不就蒙

賜宴并賚紅錦葛紗以寵之改教授借補黄陂教諭踰年歸里葺川王明府聘為龍門書院山長教嚴道尊士皆就範時蒲境患虎公為文勸尹禳之患遂已子二長曾傳

登賢書次義傳積學未遇孫曾衣冠不絶
尹貴彪字炳寰號雲峯志行高潔卓著風規弱冠入泮
試輒冠其曹為文有京江風庚肆業江漢書院凌山長
衡其文必首選凌嘗卧病而代庖者乙之謂曰子文非
我莫能知也由是相得相彰而公之文名愈噪丁卯舉
於鄉甲戌會試登明通榜補授竹山縣教諭士多樸僿
公禮陶樂淑咸臻爾雅秩滿保舉知縣初令永定課農
桑恤刑獄潔己勤民四境豐樂邑人立祠奉香火并紀

德於石旋 調歐陽政聲如曩時母老乞養居家二十餘

年杜門不出清靜自娱有文稿行世子四俱成名

方承保字從燮號柏亭金湖公四世孫也早入膠庠弱

冠食廩餼壬戌

恩科舉人由教習任陝西三水縣直隸州商州調涇陽因俗

為政悉協機宜凡建書院修涇渠其首舉也保授浙江

玉環同知又授贛州府知府兼護吉南贛甯兵備道晚

年致仕歸里子三皆由庠序入成均

尹一聲字鳴韶幼時能文詩古詞賦悉稱工絶年十六補弟子員乾隆癸酉拔貢兩任竹山縣教諭己卯登賢書司鐸長陽開誠樂育士頌菁莪以病歸卒年五十九

劉士觀字兆瞻龍口人雍正己酉拔貢由崑山縣丞卓異升震澤令在官勤慎教養兼施善决獄邑無冤民先是邑有蝗患公至即絶乞養歸持經教子不預外事者二十年子孫多貴顯

尹貴儀字宙春髫時嗜學手不釋卷長即入泮旋食餼

由貢生授棗陽訓導俸滿升黃安教諭左經右史士獲指南子四俱有聲於時

尹貴高字謙存志學不厭采芹食餼如運諸掌試棘闈兩薦不售由廩貢授監利司訓樹模植楷咸仰人師子二列成均

李冬字端貞號東谷亦號復山貌偉而質性聰明生於冬日故名冬號讀書十行俱下工吟咏制藝則倚馬可待入庠最早每試擅勝場邑令虞公恒刮目視之淹貫

經義叩以疑難晰若牛毛雨戰棘闈不售甲午選貢北
上就順天試復敗北遂謁選得四川青神訓導教學兼
勵所得益奢庚子領鄉薦折卷時考官見有已中教職
而難之者監試起決曰本官文勝行且優復何嫌哉遂
中明年赴禮部試不第升靜海教諭適境内蝗旱大饑
冬一盤首蓿泊然無營以故當道咸敬禮之冬孝友事
父庸谷克承其志有弟器局稍褊處以寬和卒相睦官
署養母事必躬親壬寅母憂扶柩南旋哀毀又傷溽暑

勝紀其所著時文八集詩草四集駢體散體二集又纂
有古書十八種天鑑錄八則鄉會典策待梓
涂開元字貞復號春樵方伯文鈞父也嘉慶受學憲鮑
公知充選援拔甲戌朝考報罷留京肄業考取武英殿
校錄旋以遼史告成議叙授廣西太平州州同時公長
子文鈞已由進士官工部矣太平粵之邊境俗號難治
公至勸農興學咸與維新頌聲大作調署崇善縣令值
歲蝗旱為文以禱於神蝗遂他徙不為災尋署河池州

事州戍卒某擁厚貲行惡病民公按其不法誅之州人大快為綉繖獻之標與民同惡四字公决獄如神而又氷操自矢無少長皆曰涂青天去官時持靴泣者盈於道未幾丁艱服闋補上思州同署桂林府龍勝州判咸豐三年寇犯金陵長子文鈞殉節公聞變謂致身遂志吾兒所安獨朝廷失東南鎖鑰為可憂是時公有疾在告復强起署河池練勇有功升補同知旋以事去任卒於同治元年壽七十七

涂文鈞字平甫以宦籍補宛平諸生道光九年聯捷成
進士初文鈞有異質隨父至京師得謁督學鮑公鮑其
父受知師也鮑試以文果中肯因留寓邸出藏書以饜
飫之文鈞學益肆而名遂成引
見授工部主事歷都水司員外郎郎中二十五年擢浙江道
御史轉掌浙江道二十九年奉
差查漕糧剔奸去蠹聿樹風聲三十年英夷肇衅船泊天津
情形叵測衆議洶洶而大學士前兩廣總督耆英意主

撫夷盈廷憂之憚不敢發文鈞上章抗論並請
勅疆臣防虜而備陳主客之勢決虜有不可久駐者語甚切
至以是共震其直未幾時相罷夷船亦遁咸豐元年以
簡命履甘州知府至任飭吏治裁陋規次第畢舉有番子擾
邊與提督索文謀守禦賊膽慄不敢逞二年正月
特旨授江南鹽巡道時楚南告警方抵任江甯總督陸建瀛
在南河工次與將軍祥厚布政使祁宿藻函商守禦郵
籤日數至旋建瀛奉

命督勦文鈞請從不許乃與祥將軍厚並奏
旨駐省之江蘇巡撫楊文定暨宿藻留守屬吏多引疾去文
鈞責以大義並擬奏劾乃止時城中兵不滿七千人又
非勁旅建瀛自九江還文定移師鎮江而宿藻以憂卒
建瀛奏以文鈞署布政使且請
勅催援兵賊圍江甯益急文鈞等竭力固守迄
欽差大臣向榮援兵至而城已破建瀛陣亡文鈞收遺骸葬
之佩督印率師趨儀鳳門賊蠭擁不敵遂巷戰死之事

聞上震悼贈光禄卿予騎都尉世職子三長子逢辰襲職

陳敦詩字正雅號韻舫博學力行始以諸生教授鄉里體用兼全學者宗之待人劇厚遇事能斷歲大水災邑有賑欵主者患不均為編户籍以散之民乃安壬辰登賢書甲辰大挑一等歷署江蘇興化寶應溧水等縣皆頌仁明而溧水則得民尤深有祠祀之者兩校南闈所拔悉名下士當時號人鑑致仕歸出餘俸以分親族或貧不能葬娶者且量助之主講鳳鳴書院諄諄訓勉共

荷其成生平孝友母病數年侍湯藥夜不解帶事父維謹更有高年之樂兄弟怡怡至老無間年四旬配張孺人卒誓不再娶其守義如此歿之日聞者悼其失典型焉著有四書集義五經輯要字學便覽諸書

陳敦誥字綸佐號聽漁少有文譽以諸生膺戊子鄉薦甲辰大挑一等分發江蘇代理 如皋縣未久判積案者百民稱神明不絕口旋署鹽城縣興利去弊有海寇捕之立平士民感其德為樹去思碑並長生祿位以祀之

後督高純團練以戰功補豐縣未幾丁母艱歸輯有庚辰集註釋

劉輝世字軍光號玉岡天性醇粹詣力精深嘉慶間由歲貢舉孝廉方正楚北拔十餘名而公獨首選嘉慶九年學憲綜其行刊入省志制軍景公疏稱克敦孝友令名無間於人言獨尚廉隅立品允符乎公論公之大節已見於此著有易經註解天祿閣制藝待梓

張宗軾號栁溪乾隆癸卯膺鄉薦出為浙江海鹽令升

同知歷署分水昌化知縣甯波府通判湖州府烏鎮同知四為浙闈同考官能取士其任鹽也十有三年洞悉民隱養欲給求民不能忘建祠繪像以祀之至其聯額有父母菩薩之稱非至德之入人何以得此著有嘉禾集行世子孫有榮名

李璣字伯瑢明人洪武庚午經魁教諭天長轉泗州學正復除宿州平生敦孝友親喪獨處一室淚痕漬枕席戚如也初覓葬所未得晰夕徬徨忽一夕夢神示兆於

蓮邱山次日往視之見老翁告曰欲得地當在鵲巢樹下隨翁所至果如其言方稱謝而翁已不見矣人益震其孝戒子姪無猜忌即析箸不得計資產厚薄由是家益隆

李阜受澥里人幼時能讀父書雖造次顛沛不少輟長愛朱柏廬格言真西山文章反覆誦之性至孝母病藥必先嘗久之祈以身代兄善飲時或燕於外醉不能歸雖夜必就而扶之與弟都憲公田尤篤愛課其子承芳

承基皆顯名以子貴贈大理評事

周傑字仲霖邑諸生性端靜事親克孝父没繼母彭氏年七十嬰惡疾體潰若裂膿血狼藉不可嚮邇傑焚香露禱又日叩醫者求治皆不效俄一道人至云須子吮痛處毒盡洩乃可藥傑從之道人出壺中藥敷毒上旋去而病頓愈然手足俱廢起處皆需人傑率妻子奉事以意消息者十年母以壽終邑縉紳舉孝行督學蔣題其額曰行符子騫

李卓大字邵菴增廣生性純孝父病藥不應手計窮禱於天願以身代其夜父夢神曰爾數已盡因爾子孝帝錫爾齡無患也越日醫至授一丸嚥之心神頓爽病遂痊父卒廬墓三年仍館於外母無疾終聞耗歸哀毁異常其廬墓亦如父喪庠序表其行已通報矣生力辭尹濟世子綏蒼少孤力學弱冠食廩餼母李氏賢荻教維勤以故早就公終身謹事母有舉動必先禀白遠近稱其難得待族人良厚春秋培植祖壠松楸鬱鬱皆其

手植也以子彪貴受封贈

劉本松宰震澤劉士觀之次子也資性純慤事親克體其志讀書婷一髫年補弟子員母湯氏疾旁求醫藥不效又哀籲神祇謀所以活母者晝夜皇皇窮三年之力母終不起公以憂絶時祖母猶存瀕危諄諄囑其子善養老焉從子輩平昔撫之以恩待友子亦有始卒鄉人義之

李文標字仰亭讀書發憤弱冠即青其衿性篤孝父病

虔疏禱代以是克全既而母患痿痺視其所欲致之夙夜不敢康居喪哀毀廬墓有年子二俱補弟子員

李世敏字文達休甯人入嘉魚籍由國學候補縣丞敦行尚義凡建

文廟修書院皆捐金樂助其弟世政亦誠心施濟有鄉婦抱布來城被竊畏歸將投諸河政救之予金以去城北火起爇貧民廬舍政爲葺之復其舊兄弟式好無猶敏之行邑侯謝公黄公遞獎以額政舉鄉飲不就其子慶英

列成均

李清遠西里監生有孝德平居不忍違親父病卧最久清遠侍湯藥數年如一日病篤復刲股以進人無知者久之父乃覺鄉里為述其事

王辰祥字玉林號騰皐邑庠士以孝聞父卒奉母殷拳母病不能舉負以出入藥嘗而後進易衣衾不假人手聞糞苦得生乃屢嘗之及卒廬墓盡哀與弟書林極友愛玉病革書焚香禱代後書病足醫針患處血流至地

玉侍榻作呻吟聲有灼艾遺意人稱一門孝友子鼎元舉咸豐乙未鄉薦孫曾多列庠序

周文溪豐里廩膳生幼孤依母成人事母不少懈館鄰里每晚必歸省母寢仍去食御悉稱母意故母享壽最高家貧一介不取而鄉之貪泉少息焉

黄友文清里監生父早卒事母孫氏有孺忱家故寒微隨兄貿於外歲一歸省聞母疾倍道馳歸謹侍湯藥衣不解帶者數月而已刲股以進母乃瘳後母没泣血三

年未嘗見齒尤好施予其善舉載人口碑云

陳安裔字紹樂號后村讀書有異慧年未冠由府首補諸生中乾隆癸卯經魁性孝嘗館隣舍日一歸省每值春闈依戀不忍去父母怒之曰揚名顯親獨非孝乎令家人具裝促之行雖已就道猶顧望不置焉子孫策名庠序

熊斯漣又里貢生字肇殷國學廷標子之也父卒廬墓終喪又手植松楸於墓上歲時撫而泣之母尹氏壽屆

期頤年已七十扶持抑搔如曩時一切進御尤必躬親其色養不減老萊以子湘品膺八品封典孫叶占拔貢叶飛叶泰俱廩生

來用予居又里醇謹士也以苦學入泮為生員來璧公嗣子璧公故好善有所欲為用予必曲成其志父病數載侍湯藥無倦容凡有供奉概不稍貸親沒葬祭一衷於禮有孝子傳登志乘

李英字國章生丁元季少時卓立有肝膽與人平易處

家庭有禮咸仰其賢壬辰兵犯武昌城破諸匪嘯聚四出驛騷英倡義力堵之癸巳元參政阿魯輝提師督勦英帥義兵出應為擒其渠數十人武昌復授英官及白金皆不受未幾蘄黄祝冦興舟沂武昌而上勢甚鋭蒲嘉諸邑所過輒糜爛冦復由新堤出大江計飽肆其毒英尾兵於後伏而擊之賊窮蹙赴水死者過半獲器械輜重無算事聞授奉議大夫同知岳州府事以疾辭不赴卒於家

方宸字侍臣 明人才不羈修幹而有武力能挽强命中
技雄一時好義不吝貲財嘗輸粟賑饑爲當道所奬錫
冠帶正德己巳歲羣盜起有劇賊劉琪賀璋尤横大爲
民患撫憲疏聞榜募能擒者予優賞宸即出應引兵追
勦自六合山至株港賊見宸不敢近宸方駐兵山寺其
地林箐蒙密賊伏莽中使二三賊服婦人衣出鬭宸殲
之方謀追擊一賊自林中出刺其脅墜馬死弟寀赴救
亦力鬭而死賊亦敗遁事聞追勞有差贈府檢校其妻

守貞以高年終

方孟錠明人生有豪氣輒以資濟人正直不阿以事質者是非立判邑令馬賢之召為耆老與決政事江夏有巨室某被盜誣太守檄令往捕公屏邏卒獨造其門察之無他狀因出郡檄示之其人驚且泣公曰無懼第見郡守當為汝白已而果然巨室以四百金壽公堅却之岳郡有二盜冒賈者詐人物公止與貿者盜恚歸舟招公飲計殺公問曰我輩商人目為賊何也公曰賊我不

敢知但迹類是令如殺我則誠賊矣雖然以一身易數
賊何憾焉賊不得已遂吐實公勸之自新盜搏顙相與
盡歡而散公壽髙以曾孫逢時貴贈尚書

方寵字晉臣邑諸生治毛詩有聲督學行縣詢諸生所
習獨缺麟經因取學中髙等肄之公列首選五試有司
不第性豪爽遇事敢為從弟宸里中俠也嘗為邑捕盜
大得名盜黨銜之有以他事株連者台臣不察幾羅於
禍公徒步往都門為宸鳴寃宸得無事未幾宸再捕盜

陣亡無後公力請於上贈官賜祭表墓道又為立嗣以奉其祀公兄弟八人獨以主器持管鑰不蓄私財喜推解隣有窶夫婦除夕蕭然仰屋而歎寵厚遺之凡慷慨類此

李遂菴 明人居豐義里敦樸無華積財能散宏治間歲祲鄉民菜色殆遍 功令飭郡邑富户捐賑邑侯首推遂菴慨然出倉穀九萬七千石以濟饑者嘉咸蒲三邑活人無算有司聞於上予以官不受其子孫累世簪纓

教諭汪名豹紀其善行載志乘

孫杰字若環明人其先籍漢陽副憲祖瑀之孫官鴻臚寺序班以瀰子也公始遷嘉魚小洲為人豪俠好義時通族苦軍務公尚幼力請於父捐田三百石稞地七百畝分給族衆以代公徭萬歷三十六年大荒又出私財以賑匱族人各五十金戚里亦餽贈有差其他善行尤夥故子孫蕃衍大其門

荊楚文庫

〔民國〕通山縣鄉土志畧

余六鰲 纂修

《荆楚文庫·方志編》編纂組

組　　長：賀定安　陽海清（執行）

副 組 長：劉傑民（執行）王　濤　謝春枝　范志毅（執行）

參編人員（以姓氏筆畫爲序）：

王　濤　李云超　宋澤宇　范志毅　馬盛南　柳　巍　陳建勛

梅　琳　張　晨　張雅俐　陽海清　彭余焕　彭筱澂　賀定安

楊愛華　劉傑民　謝春枝　嚴繼東

編　　審：周榮

顧　　問：沈乃文　李國慶　吴格

前言

《〔民國〕通山縣鄉土志畧》不分卷，余六鰲纂修，民國七年（一九一八）稿本。

余六鰲，字方貴，號冠山，通山縣厦鋪鎮人，一九一九年於湖北省立第一師範學校畢業，後就讀於北京東方大學，獲政治學學士學位。又入北京朝陽大學，獲法學學士學位。先後又在東北陸軍軍官學校七期炮科和東北炮兵研究班畢業。一九三一年任北京内務部科員，後在北京《社會日報》任總編輯，不久調任國民黨第一軍少校參謀、東北聯軍炮兵教導團少校連長、第五兵站中校參謀長等職。一九三八年因腿傷回籍從教，一九六一年病故。

通山置縣始於宋，修志始於明，明代縣志今已無傳本，清代三修縣志皆有流傳。民國七年夏，國家面臨『物競日烈，列强日横，國家危急存亡，志士傷心抱憤』之境，時余六鰲就讀省立第一師範學校，校長劉先生目擊時艱，定鄉土志爲諸生暑假練習之目，蓋鄉土志爲師範生之所當悉者，以此鍾煉人才有益教育，期待國家圖維新之治。余六鰲遵師命，遠采本縣歷史及舊志諸書，近者詢之宿儒，亦有余六鰲往歲所調查者，因皆浩繁，故從節録。是志自六月九日起編述，迄七月三日志成，不匝月。

是志雖爲稿本，但編修規整，有序、例言、目録，正文分歷史、地理、政績、宗教、風俗、人物、農業、工業、商業、物産、學校、寺廟十二目，人物一目下有兵事、耆舊、人類、户口、氏族諸小目，商業一目附録商務。是志編撰者意在諸事擇其最關緊要者述之：歷史、地理、政績、風俗、人物、物産等大多數内容録自舊志，因世事變遷，亦參以新知識。地理開篇以經緯度新知識紀通山區域位置，亦沿用舊時里程標識是邑方位。人物一目擷取前志之載，補入氏族，詳述本邑諸姓氏源流。兵事補入光緒三十二年（一九〇六）哥老會生亂事及民國六至七年南北紛争前後北軍駐扎本邑行踪。宗教一目先述通山境内民衆信仰傳統和歷史，後述『近來耶教徒在本邑西城購宅建福音堂，竭力鼓吹』之現象。學校一目簡陳本邑新舊學堂，詳論本邑教育時弊。農業、工業、商業諸門事关本邑人民生活，陳述詳致。

《中國地方志聯合目録》著録是志，北京大學圖書館藏有稿本，上海圖書館藏有抄本。二〇一三年《北京大學圖書館藏稀見方志叢刊》影印是志。兹據北京大學圖書館藏民國七年稿本影印。（楊愛華）

目録

通山縣鄉土志畧

余六鰲

敍次亦見細心但少翦裁如紀道路之某某處至某處三里五里兩歧縱言之亦一端也

前 黄提學 仲陵先生所有鄉土志凡例可覓一觀

通山縣鄉土志序

物競日烈、列强盼横、國家危急存亡、志士傷心抱憤、新知固宜速研、舊識尤應精探、鄉土志者、舊識之一、其名勝古蹟之屬、最足感人心目、興人志趣、篤人矜式、而涵煦古今聖賢英傑者、實深、此泰西各邦多以此編之教科、陶冶民情、而人傑勃興、國家强盛也、邇者　校長劉先生目擊時艱、定鄉土志為諸生暑假練習之目、蓋國家圖維新之治、首重人才、人才之興、肇端蒙養、蒙以養正、賴夫教育多方、師範洵教育之母、而鄉土志為教育之要務師範生之所當悉者也通山山川幽邃本屬窮區伊宋初分疆建治亦多名宦古蹟高士留題他若歷史政教諸掌故均有足紀者鰲雖不敏敢辱師命遠者本諸縣志近者詢夫宿儒調查兢業簡輯成書不匝月而選錄告竣誠恐陋劣謹呈吾師垂鑒苟蒙眉誨運郢斤以裁成潤色或亦敝邑教育準備之鉅典與誠得一省高呼全邦響應庶幾民國強盛以雪國恥云

中華民國七年夏歷七月三日余六鰲敬題

通山縣鄉土志

例言

一採錄之目的，在廣啟本邑教育準備。

一古今書志，俱曠代名公手成。鼇本陋劣，安敢語此，然仰承師
命，不得不以是名篇。

一篇內掌故，遠者採自本邑歷史及舊志諸書，近者尋諸宿儒
及鼇往歲所調查者，因皆繁浩，故從節錄。

一例目共十二，山川載其最高大名勝者，學校紀其現在存立

通山高等小學校

春寺廟錄廟之有關名教及為公所寺之最著者歷史人物政績宗教風俗出產農業工業商務等採其最關緊要者

一人物一目概括太繁因復分為氏族兵事實業耆舊人類戶口五小目

一因編幅太窄近今鄉賢特取其行誼最為卓異者附載二三外有限於例目若節婦烈女業經旌表建坊者亦然

一編述之期自六月九日起迄七月三日止夏歷書成俟入校時請呈諸位先生鑒定。

通山縣鄉土志目録

通山鄉小學校

工業

商業 附錄商務

物産

學校

寺廟

通山縣鄉土志

歷史

唐堯因帝嚳建九州，南荊州，東南揚州，通山界於荊揚。虞夏商周因之。春秋屬楚國，秦為南郡地，漢高帝六年，析秦所置南郡，更置江夏郡，統縣十四，下雉屬焉。下雉，今興國與通山也。新莽改下雉曰閏光。東漢獻帝十三年，復為下雉。蜀漢昭烈章武元年，孫權自公安徙鄂，號曰武昌，析江夏置武昌郡，又析下雉置陽新郡縣，今陽新鎮以上合通山境是。俱隸武昌郡。南朝晉安帝以吳頭楚尾之交廢下雉入陽新縣宋至陳俱因之隋合下雉陽新爲永興縣通山爲永興縣之新豐鄉唐太宗貞觀初分天下爲十道鄂州隸江南道永興屬鄂元宗置十五道永興屬江南西道江夏郡憲宗陞武昌軍永興隸之此上通山與興國合昭宗拜楊行密東面諸道行營都統封吳王永興隸武清軍爲吳地時起鐵冶置羊山鎮征賦南唐改通羊鎮宋太祖乾德二年改通羊鎮爲通山縣屬鄂州隸江南道方輿紀要載周顯德六年南唐始置通山縣又一統志載通山曾號鎮南太平興國三年改羊山尋復稱通山時與姑孰分紀年之號陞姑孰

爲太平軍，永興爲興國軍，以通山隸興國軍。元設武昌路興國路、通山隸興國路、明太祖改路爲州，通山隸興國州，屬湖廣行省、此前通山與興國分、然尚隸興國清康熙三年，分湖北承宣布政使司，領府八、通山隸武昌府、編户六里、自民國成立、改劃爲十區、直隸省長、督軍

通山高等小學校

通山縣鄉土志

地理

通山區域經緯在北京偏西二度五分五秒緯綫在赤道北二十九度三十七分偏於省城南偏於京城西南距省垣三百里東西廣一百一十五里南北袤一百三十五里東界興國州今改陽新縣東南界江西武寧縣南界江西義寧州西界崇陽北界咸寧前清分六區號曰六里一里在縣治西北東接三里西接二里南接四里北界咸寧二里在縣治西南東接一里南接五里

西界崇陽北界咸甯三里在縣治東西接一里南接四里東界
興國北界咸甯四里在縣治東南東南與五里六里接壤南至
義甯界西北與一里三里接壤東北至興國界五里在縣治西
南東北與四里接壤又北與二里接壤南抵義甯界西抵崇陽
界六里在縣治東南東界興國南界武甯西北與四里接壤是
爲六里區域自民國成立後。分爲十區。其次遞多。依六里秩序
劃分。

以上各區區域

街坊

承流毓材近聖攀桂名寿萬寿迎翠仁里等八坊俱在東城忠義全信下集賢上集賢仁寿永甯榮恩仁恩三多迎恩雲露瑞應青雲勝賢尚賢得勝致和等十七坊俱在西城　以上縣城街坊名

扼守險隘

界水嶺卡在縣治西北三十里界咸甯　界頭卡在縣治西四十里界崇陽　西坑洞卡在縣治東十五里界興國咸甯　板橋卡在縣治東三十里界興國　黄荆嶺卡在縣治南九十里界義甯　太陽山卡在縣治南九十里界武甯　蛇嶺卡在縣治東七十里界興國　界頭塘卡在縣治西南六十里界崇陽

往來險隘

三界尖卡在縣治西南八十里界義甯　九宮山卡在縣治東南九十里界武甯　五里凸卡在縣治東南九十五界里界武甯以上諸隘憑險設卡可資守禦惟板橋卡地勢寬平不易守　大小洞隘在縣治西北三十里界咸甯　壕頭坳隘在縣治西北五十里界崇陽　觀音堂隘在縣治西六十里界崇陽　石屋坑隘在縣治北三十里界興國　鳳洞隘在縣治東六十里界興國　東溪隘在縣治東五十里界興國　煙斷隘在縣治東七十里界興國以上諸隘皆往來險隘

羅阜山（一名龜山）在縣治北一峯秀出卓立如文筆曰羅阜尖為本境主峯每當初晴嵐光繚繞八景中所謂羅阜嵐光也　翠屏山在縣治南隔溪排列署前如屏風上有塔其影倒映水中足供賞玩故八景有翠屏塔影　白鶴山在縣署西里許為縣治右掖形類鶴故名山麓有多寶寺夜半鐘聲響徹遠近故鶴剎鐘鳴為後八景之一　石航山山以形名在署東二里為縣治左掖自下流綿亘而上壁立水口山陰之雪至春不消故八景有石航積雪其上有塔　雨崖山在縣治西南里許右為會仙

崖（俗名明崖）左為賀仙崖（俗名暗崖）中有寶蓋天柱伏獅旋螺棊枰石榻石鐘鼓石和尚諸勝俗傳為侍郎朱廷立讀書處　獅子山（一名牛頭山）在縣治西二里許其上新建來爽塔　揚城山在縣治北三十里環繞如城西連界水嶺　北山在縣治北三十里界咸甯　石門山在縣治西北三十里兩山對峙中夾澗水巨石離立如門故名　楚王山在縣治西三十八里相傳楚王曾獵於此故名　四角山在縣治西四十里界崇陽　閻家山在縣治西北四十里界咸甯　白羊山在縣治西四十五里界崇陽世

傳東晉永昌中有三人乘白羊入此山故名　黄鷹山在縣治西六十里一名黄鷹澱山勢盤紆而上若鷹飛而漸高故以形名　兩山在縣治西六十里界崇陽　大墓山在縣治東北三十八里東界興國西界咸甯上有三十六峯世傳唐李靖葬母於此有讀書堂墨池遺蹟　馬鞍山在縣治東三十里形如馬鞍高十里許中有雙泉浴月萬壑眠雲白象埋身赤兎環窟鯉躍金盆鶴守丹竈水[木]筆題春榆錢買夏諸景建有雙泉古刹　金燭山一名金燭尖在縣治東三十里拔地而起高峯如燭界興國　沈水

山在縣治東三十里其上積雨成塘號爲天池晴數日水自沈下中有揮劍坪相傳張道清始居此揮劍削平又有仙人洞内懸石鐘石鼓扣之有聲舊志云唐李靖馭龍行雨入此崖中

二牛山在縣治東南七里兩山夾湄水對峙俗名隔港牛相鬭牛山下有小泉俗呼牛鼻水有牛涕氣

大城山在縣治南四十里圜盤高峻周數十里上有四石門壁立如城郭中平衍廣數百畝昔人避兵其上耕鋤者嘗得劍戟諸兵器内有石和尚娘娘泉

青山在縣治南五十里山麓爲邑侯陳公殉節處旁

有陣亡家丁粟寅張行宗兵勇李廷邦等二十四人墓　大寶
山在縣南五十里俗呼大巴山　北宸山在縣治東南五十里
下有北山寺即靈泉剎　太仰山在縣治南九十里界江右
太陽山在縣治南九十界江右高數千仞絕頂可視日之出段
如泰岳日觀故名　石壁山在縣治東四十五里爲六里總水
口危崖倒懸與西臺山陽河對峙最爲險峻係吳楚往來衝要
九宮山在縣治東南九十里○按湖江西通志云晉安王兄弟
九人造九宮於此故名○一云其山自下而上○高峯九層○因以名

焉。山廣八十里。高四十里。其來龍分自平江之幕阜。黃龍由茲
而下、為九江廬山。山陽屬武甯。山陰屬通山。奇特甲於兩省。其
先人跡罕到。自張真人道清入山修道。仙蛻於存焉。宋甯宗飭
建欽天瑞慶宮、元至正間、又建妙應殿、朝謁者衆。遂為吳楚通
衢。由萬竹山松關散雲廠歸雲橋盤折而上。至一天門。登平湖
台、寬平如掌、瑞慶宮在焉。前有三峯。名筆架山。後有鳳凰嶺、天
尊崖、大士崖、東有龍關崖、伏龍崖、獅子崖、五老峯、慧鶴峯、清風
嶺、白士嶺、駱駝嶺、赤松洞、青猿洞。西有撥雲峯、雷公崖、陶姚洞、

寶陀巖西北有噴雪崖瀑布數百丈觸石飛散如雪又有南泉東井聖泉黄精井利濟井白龍潭放生池煉丹池怪松坡試劍石試心石眠雲石諸勝旁有方丈殿天堂朝元閣龍神殿仙遊殿通明殿天聲樓朝真館虛皇壇御碑亭壺天亭飛仙亭觀瀑亭兩崖行窩諸結構異卉奇葩四時不絕信非人間景也宋侍御謝枋得元翰林承旨趙孟頫大學士歐陽元虞伯生明學士宋濂邑人侍郎朱廷立副使陳宗夔及歷朝名士題詠俱見舊志藝文及九宮山志

觀音崖在縣治西七十里宋紹興間居

民萬俊見雲氣異常跡之則一洞窈然有石磬石盞石果石觀音諸像掌陽御史王應斗有詩　八仙崖在縣治西七十五里一名八仙廠中有八仙寺列有八景天鷄唱曉野鶴鳴陰勒馬迴崖渴獅飲水達摩面壁昭君琵琶茅仙觀斗果老飡霞　龍崖在縣治西南八十里有龍泉　靈覺岩在縣東七十里中有石屋數間下建靈覺寺　熊家岩在靈覺崖西　羊角崖又名雲石崖在縣治南五十里以形名　獅子岩在縣治南八十里界江西義甯　新開嶺在縣治北二里險峻殊絕明宣德間始鑿嶺通道為居民芻蕘之所新嶺樵歌為八

景之一　細石嶺在縣北十七里界興國係省龍過峽縣龍發源處　六窖嶺在縣治東南二十里有祿寿菴為四里界　牛蹄嶺在縣治東南七十里相傳老子騎牛過此其跡尚存明末李自成為程九伯所殺瘞此嶺下　岳州尖在縣治北二十里為縣治來龍尖高可望岳州山故名　三界尖在縣治南九十里南界甯州西界崇陽聳拔雄峙為通邑諸山之祖亦省龍發跡之處昔產雲霧茶入貢後免茶亦不生　龍鬚尖在三界尖北　石峯尖在縣治東南五十里卓立為華表　鳳凰尖

在縣治東南六十里以形名中有山田居民耕種　黄荆尖在縣治東南四十里　顱顖峯在縣治東四十里高聳秀麗常有鸛鵲羣集其巔故名　齊雲峯在縣治東南三十五里沈水山之東高列雲表邑人知府韓履祥有詩　三峯在九宫山一名筆架山晴明登其巔一望數千里通邑高峯以此爲最　五老峯在九宫山東北

以上爲通邑名山

通山有名山而無大川諸水之源皆出本境其下流合而爲雨

乾直達興國河坪而匯爲一由此東行二百里出富池入大江

試即本境諸水源委詳敍如左

一由本境二里白羊山下靈泉寺發源（距縣治四十五里）東南流十里界頭乾港二水經南林橋東流十里注之又東流十里至墩上獅子觀水由西北來經十二里注之又東流十三里至寺下界水嶺水由北來經十五里右會楊司坑水注之又東流七里至官堰復折而東北流里許吳田水由北來經十二里注之又東流半里石宕水由北來經十二里至犀港橋下游注之犀港夾

岸多田土厚民勤故犀港晨耕列諸八景又東流三里至洋都田東水由東北来經十二里注之（是為羊港）通又東南流三里上會嶺水南流五里注之又東南流三里經縣署前繞翠屏山麓是為翠水（水漲行舟水落行筏）城南門外架石為梁（名通津橋）秋夜月明足供賞玩故石橋秋月亦列八景翠水下游與湄水合（以上為一里二里及縣治諸水）大洞水出洞口石橋（邑人王春溪獨立建修）由石宕自北来經二十二里至犀港橋下游注之一由本境五里龍鬚尖下發源流四里至遂庄界頭塘水西来注之下流二里與龍崖泉八仙岩鄭家漕

胡毛孔家畈北来諸水會下流三里至楊樹坪小泉源水北来注之又二里至黄泥壠口上有水源崖水北来注之下有普勝泉水北来注之南流三里至紫雲坪與梓木坑潘表横坑南来諸水會下流里許至楊芳林可通筏吉家壠陳家健源二水自北来注之唐羅阮家壠二水自南来注之自此曲折下流城山北麓上下十八里諸泉水自南来注之羊角崖南麓上下十四里諸泉水自北来注之上下計三十餘里出口至畈上陳與四里大河會以上為五里諸水一由本境四里三界尖下發源西北會大茶園

水東流至大屋壋南會黃荆源水可筏通又南合西隅水北流繞青山麓又繞城山麓西流至畈上陳會五里水又東北流叁里至厦鋪鎮北宸山南麓之水注之下流五里至橋口大耒山水由北來經八里注之又東流十里經赤墈至湄溪湄溪水由西來注之是為湄水湄溪水發源雨山南合小湄港水東流三十里至湄港會三界尖大河水其下里許有焦岩渡兩岸户盈人勤薄暮喚渡者衆故八景中有焦崖晚渡又東流二里泉港水由東來經十五里注之又北流六里至縣治東南與翠水合每逢春雨連綿桃花水漲故八景中有

雙溪春水自是東流七里至衢潭潭深魚廣晝伏夜出捕魚之家張火偕来火光燭水上下空明亦奇觀也故八景中有衢潭漁照而寨下堡高坑堡二水由北来經八里合注之又東北流三里至西坑口西坑水由北来經十五里注之又東流二里經西坑潭至橋〔椒〕又五里至界首繞盧泉入興國界又五里至河坪南合六里大河水（以上為四里及三里諸水）一由本境六里大仰山下發源流十餘里至集潭傅家山水由南來經十里注之又東北流十里至大源口與太陽山高湖水會又東北流十數里至吉港口

古老廟九宮山二水由南來經三十里合竹林頭水注之又東北五里為寶石河繞唐兵嶺下至黃沙畈桐港口港水由西來經二十餘里注之桐港水源二一由滲坑寺東流合裏焦大塘坳篁竹坑南木逢諸水行十里至花文泉又十里至白土嶺一由朦朧嶺經龜墩至白土嶺合出桐港口寶石河東流十里濯港水北流十里注之又三里至橫石潭（水漲行舟水落行筏）東西港水由南來經三十餘里注之西港水發源一天門東港水發源駱駝嶺至船埠合流十五里抵沙壠泥坑源水由東來經八里注之又西

道路

流三里出大河自是東北流三里過茅埠畈乾坑下涂水由東北來經七里注之又北流五里過石壁下（為六里水口兩岸峭拔詳山類此下倍四里）境至顏軒口顏軒水由西來經十餘里注之又東流五里至下富有蛇嶺水由東南來經十二里注之又東流十五里經鳳洞入興國界抵河坪與湄翠諸水會（以上為六里諸水）

由縣治出西門向西北行八里至犀港橋（跨石宕水下游）又七里至吳田港又五里至三口（為一里鄉市舊有鋪兵三名）又七里至界水嶺（舊設卡今廢）入咸寧界上下二里許陂而不峻可通車馬為縣治晉省必由

大路（以上一里道路）由縣治出西門二里，左過會緣橋（即馬槽橋，跨翠水上游）十里至夏西頭永福橋，又五里過雙港口橋，至寺下（為二里鄉市），又五里至神堂鋪，又十里至南林橋（亦二里鄉市）左行十二里至界頭（舊設卡，今廢）平坦通車馬，入崇陽界，此大路也。右行十二里至壕頭坳為通崇陽小道（以上二里道路）。由縣治出北門向東行八里至衢潭又二里至花橋（跨茅田水下流，舊有鋪兵二名，今廢）又五里至西坑潭（為三里鄉市）又十五里至板橋（亦三里鄉市，舊設卡，今廢，即王新運死節處）又五里至界首（舊有鋪兵二名，今廢）入興國界，陸通車馬，水通舟楫，為縣治達興國大路（以上三里道路）

由縣治出南門過通津橋（即南門橋，跨翠水下游）南行五里至新橋（又名永濟橋，跨湄水，明邑人朱之楫建，費貲巨萬）右行五里至湄港又五里至望江嶺又十里至厦鋪（為四里鄉市）右行十里至郭家嶺為五里界左行渡釣月橋（邑人鄭錦輝後裔獨力建修，工費巨萬）十五里繞城山南麓至藕塘（為四里鄉市）又三里至青山下（邑侯陳公殉節處）又五里至朱楊灘過對峯橋（眾力建修）又三里至西隅橋（邑人程永昌獨力建修）左行入西隅三十里至三界夾下入義甯崇陽界右行四里至大屋塲（亦四里鄉市）左行八里至冷水坪渡小溪橋（邑人樂益昌獨力建修）又八里至隘口入江西義甯界右行十八里至黃荆嶺入江西義甯界（舊設卡今廢）數處俱險峻難通車馬亦為要路渡新橋東行五里至銅爐坳又五里至朦朧嶺上（嶺為六里界）由嶺上東行十里至泉港又十五里至顏軒橋（衆力建修）又五里至富有（為四里鄉市）右行十里至蛇嶺入興國界左行十里至鳳洞曹亦入興國界皆通車馬大路（以上四里道路）越郭家嶺下行三里至雲石橋（衆力建修）又三里至新豐市（為五里鄉市有普濟橋衆力建修）右行三里至姑師坑口（與四里接界）左行二里至許家堰（與四里界）由郭家嶺上行五里至郭城橋（衆力建修費六千餘金）又五里至楊芳林（為本境市鎮舊有城守營）

(分汛今廢現有牙釐分局上有市下里許有百福橋皆眾力建修)橋渡石橋上行二里至紫雲橋(眾力建修)又八里至界頭塘(舊設卡今廢)為入崇陽路平夷通車馬渡市橋里許左行曲折二十里至打頂坳入江西義甯界不通車馬為險隘(舊設卡今廢)崎嶇之路(以上五里道路)越朦朧嶺行十里至龜墩右行四里至下謝上行八里至花文泉又十里至裏焦又十里至厦鋪鎮由花文泉左行五里至東坑嶺越嶺行二十里至高湖又十里至太陽山入江西武甯界(舊設卡今廢)難通車馬亦要路也由龜墩左行五里至楓樹橋右行五里經唐兵嶺至寶石(為六)

通山高等小學校

里市鄉上行十里至界牌又八里至上陳又三十里至九宮山左行而下入江西武寧界雖險峻難通車馬亦為要路舊設卡今廢距五里巴二十里由楓樹橋左行八里至官塘又七里至橫石潭為本境市鎮右行三里至沙壢又十里至石船橋衆力建修又二里至船埠又二十里至五里巴興江西武甯界難通車馬亦狹小路由沙壢渡木橋行八里至泥坑又十里至烟斷隘入興國界渡橫石潭橋名貞明橋跨太陽山九宮山來水衆力建修工費巨萬下行八里至石壁下為通四里富有大路以上六里道路

市鎮橋梁俱附載道路不復述

古蹟

通張平子宅在大城山雲巖寺東三里東漢張衡號平子西鄂人隱居於此故宅遺址瓴甓尚存　煉丹池在九宮山南崖相傳陶姚二仙避秦亂覓九宮深處為池以煉丹故址猶存　平壺臺在九宮山石坊下即陶姚煉丹處取乾坤一壺之義前清康熙十年湖廣督理驛糧儲道許大定建　飛仙亭在九宮山相傳鄭仙飛昇於此元學士趙孟頫有詩見縣志藝文歐陽碑在九宮山元至治間重修欽天瑞慶宮張真君道清棲神處敕翰林侍講學士歐陽元撰文　試劍石二一在九宮山雲關下其石一豎

一卧如劍劈形相傳張真君試劍處一在城山西門外　漢松在九宫山怪松坡世傳漢時所植圍合抱高三丈許枝結如車蓋葉短如針　十詠堂在縣治東雙溪口吳季札廟内今廢址存宋慶歷間紫微舍人王琪出守通山有望江南十詠刻於石以名堂紹興甲戌知縣黄仁榮建放生池時堂圯至紹興癸丑知縣趙善宣復建堂於水際倚雙溪岸以十詠舊刻置堂中在季札廟北因名北園且賦詩附於後按十詠堂入興國州志或王琪先令通山後擢興國亦未可知然來時通山屬興國明進

士邑人吳伯通懷十詠堂詩確指通山則堂之在通明矣 愛山堂在縣治西宋紹興二十八年縣令顧建取前縣令蔣之奇詩以名堂詩見舊志藝文

張乖崖讀書堂在縣治南三十里厦鋪鎮又有釣月台遺址俱存宋張詠號乖崖爲崇陽令時避讒讀書於此

九井在縣東二十五里金燭山下元知興國軍陳天祥寓茲鑿焉其後遂以九井名家宅址井石尚存

真君石在白沙尖頂相傳許旌陽名遜晉人以劍斬蛟連石分爲兩斷

勸農亭在縣治西馬槽山麓明宏治時建知縣秦初教諭周華

皆有詩勒石亭壓石詩尚存　烱然亭在翠屏山麓明侍郎朱廷立從王陽明講學聞烱然良知之說乃於兩崖書院構學亭賦詩談道其中亭今廢　銅肝鐵膽石在縣治東里許石牛潭北岸水滸懸崖怪石倒垂若肝膽狀擊之聲鳴如鐘明侍郎朱廷立鐫銅肝鐵膽四字於石　蝦蟆跳井石在縣治後羅阜山腰有石穴平仰水注其中涓涓不絕旁有一石類蝦蟆頭昂向水如將跳躍故名　思龔石喜韓巖頌丁碑俱詳政績錄　少宗伯坊為明嘉靖進士禮部侍郎朱廷立建在縣署左　玉堂青瑣坊為明萬歷翰林吏部給事舒宏緒建在縣署右

父子科第坊為康熙年人謝庭樹與子乾隆進士得懐建在縣署右　棠棣聯魁坊為乾隆年人江西安遠知縣舒道宏與胞弟乾隆經魁道光建在引薰門内　田東堡孝子坊為郡庠生樂太布建　西城孝子坊為監生朱尊爵建　砲石堡孝子坊為太學生陳均建　官堰堡孝子坊為嚴貢生應山縣訓導汪宗溥建　旺興堡孝子坊為宿儒沈達瑛建　小源堡孝子坊為太学生趙科進建　以外尚有節孝烈婦貞女旌表建坊者甚繁不及備載

以上為本境古蹟

公所

縣署在羅阜山麓　警察署在至聖廟右　勸學所在縣署右

保衛團在縣署右　宣講所在保衛團斜對面　商務會在

上集賢坊

郵政局現寄西門外同祥發店

育嬰堂縣城育嬰堂在西城尚貢坊一里育嬰堂附本里賓興館三里育嬰堂在衢潭廟内五里育嬰堂在楊芳林下街六里育嬰堂在横石潭後街

養濟院在縣西城全信坊

通山縣鄉土志

政績

宋

蔣之奇字穎叔常州宜興人神宗熙甯間以監察御史令通山措置隨宜百度整肅為治行第一士民懷其德祀名宦祠公有我愛通羊好絶句九首紹興間邑侯顧立取其詩以建愛山堂清康熙初年邑侯龔在升慕之列有學穎齋集行世蓋欲學蔣公也邑侯金廷襄亦有穎叔高風未可攀之句

蔡仲舒字正

臣新昌人景祐間進士初調崇陽主簿遷通山以弭盜有功加太子中允

明

王克中洪武拾年知通山縣事清廉有政聲　蔣通甫無錫人洪武二十七年知通山縣事多政績戴諰山陰人成化十六年以舉人知通山縣事操履勤慎平易近民凡廢墜無不修舉而案牘積弊為之肅清久於任士民懷之　劉謨如皋人正德十三年以監生知通山縣事政尚和易愛惜百姓稱良牧焉　孫

溥貴池舉人嘉靖二年令通山以才學飭吏治扶善鋤惡遇事敢為强暴歛跡監司以不阿抑之遂浩然致仕去祀名宦祠

林金連江舉人嘉靖丁未令通山執官勤敏有決斷裁抑豪右拊善良葺修學宮撤毀淫祀每公暇輒賦詩有愛堂集傳世在任七年以去通民大泣脫靴以去思祀名宦祠

譙龍田南充人隆慶辛未以舉人任通山雄渾磊落博綜古今文章政事兼優並稱長者居通四年陞興國守攝崇陽事兩境士民戴之去之日脫靴學攀轅至有感激泣下者

清

任鍾麟字玉波四川蒼溪舉人順治辛丑令通山秉性慈祥居心廉潔撝謙追碩膚之度明決揮游刃之才施政則平易近人急公則夙夜匪懈愛民造士剔弊鋤姦創建義倉提修縣志數年内百廢俱興上台交薦欽加紀錄通民戴如父母為作實頌圖一册以公紀之

龔在升號闇園浙江嘉善進士康熙辛亥令通山為政七年均糧役汰陋規新學宮修橋梁築塘堰息訟獄軍需雜派允不便民者詳請蠲免撫循勞來婦孺銜恩去任

民祖道感泣於李渡通衢絕壁間鐫思龔石三大字以誌遺愛祀名宦祠　韓武號公亮京兆大興貢監繼龔令通山德優才練民之休戚一體痌瘝凡諸措置皆以龔侯爲法通民感之刋喜韓巖三大字於思龔石右祀名宦祠　金廷襄號鐵嶺遼陽進士康熙壬辰令通山居官清廉恤民勤政涖通久以卓異引見宦囊蕭然邑庠生朱懋德爲育其妻孥去任通民攀轅脱靴謳歌載道　蘇蘭第陝西府谷進士涖通山效子產之爲政猛以濟寬一時猾吏土豪爲之斂跡後以事去惜哉　張中孚浙江

舉人署通山善教得民有兄弟爭訟者歷數官不能決公庭訊垂涕泣勸之訟遂釋創修考棚士不知艱民不知費至今德之

陳景雍河南商邱人英年成進士初令通山有善政時粵匪猖獗城破悔未即就義作寄生草詩以見志尋由江右募勇復通山戰於藕塘不克死之塟兩崖側祀昭忠祠每歲暮春邑侯率屬吏登墓祭祀光緒甲辰邑侯張公倡建專祠於墓右旁立船式廳額曰出險舟蓋感公從容就義雖死猶生如遇險而得出也

徐芝湖南舉人署通山八月案無牘結案免費每月課

士捐廉重獎應膳銀諭照時價給領保正大小費共裁作錢五千文著爲令囹圄空虛士民咸頌　丁國楨號幹臣河南固始人光緒十一年署通山甫下車察民情訪利弊凡政令切於民者悉斟酌損益之至宰剎烟寮與私鑄盜賊皆痛懲禁絕於地方方教尤加意培植遇鄉試則招多士識考掇科其餽贐雖去任猶沿爲例闔邑賓興學田膏火等費得公辦理蒸蒸日上數月後士習民風爲之丕變解篆升遷邑人思慕不置於思龔石喜韓巖左鐫頌丁碑三大字以誌遺愛　劉煥章號文卿安徽

節孝祠在縣
西墓有祠歲
久頹塌殆盡
陳公祠、公事頭
鮮兵申祠
在南市

通山高等小學校

渦陽廩生光緒庚寅補授通山沚任四年餘初勤於民事遇事敢為所有廢墜尤銳意興舉邑中書院街道以及諸壇廟郭門得公設法修治煥然改觀一洗從前之陋焉

張清號仲廉廣東舉人光緒甲辰任通山愛民禮士好義急公軫念貧民創修養濟院凡有關名節學校之事尤加意提倡所建立者有節孝祠陳公祠及高等小學校城內兩初等小學亦公開辦每有興作輒出署巡視無間寒暑一日或步行數次見督修紳士皆揖之以致獎勵之意其勤民事如此

通山縣鄉土志

宗教

本境民風敦龎，人重倫紀，教悉宗儒，間有入異端者，輒非之。然中土自漢唐以來，尚黃老，崇仙佛，本境亦漸染其風，故明季及清初，釋道寺觀不下數十。自後崇儒重道，聖學倡昌明，士民並尊孔孟，即二教亦寖衰歇。他若黃紅等教，素未闌入者，更無論矣。雖近來耶教徒在本邑西城購宅建福音堂，竭力鼓吹，人民然不惟入教者千不得一，而且鼓吹愈力，則人民愈生厭惡，並

斥少數入教者爲亡國滅種之賤夫但人民熟知國弱而與耶

教徒生事者實罕

通山縣鄉土志

風俗

本邑雖重山峻嶺僻陲固塞不便交通而人民樸實風俗頗嘉縱殷阜之家衣多棉麻宅罕藻刻食寡嘉肴女則蠶桑紡織男則士農工商各務一業勤苦耐勞雖近來外貨頻繁致蠶桑紡織之屬寖衰然儉勤之風猶在而貧者更無論矣且民重倫紀綜其孝子貞婦諸坊及歷史政績宗教人物之類其節義之風亦可謂盛矣獨是迎神賽會演劇等類民多迷而溺之以故勞力

傷財鬬毆爭訟斯為謬也尤可恨者人民不通時務尤溺於八股科舉之餘習私塾林立學校林立廢弛重舊輕新藐視學校畢業者而且士界除二三賢者外卒囿於儒不知治生之術而以農工商為恥凡士人多賴先人之產業以生活或無先產者則成無賴之人而能自謀生計者不過十之一而已鰲即雖陋亦十餘代之書香也自高祖却仕以來以破此俗習為家訓蓋國家最重者農工商皆出自學而士與農工商一而已鰲雖不肖願承先志伏願高呼羣應以興我邦焉

通山縣鄉土志

人物

兵事

元季賊寇蠭起土匪全武臣等蹂躪城鄉世家望族多為殄滅

明興方子貴（四里人）驍勇有膽略集衆團保盜不敢犯後撥兵馬勅鎮通羊境賴以安　明隆慶四年十月山盜發劫庫燬廨

崇禎十一年八月一日流賊入城殺人掠物居民驚散　清順治二年五月李闖率數萬人入境燬殺死者數千人清師兩道南下李自成勢蹙雜殘騎數十中竄入九宮山有程九伯者（六里人）

膂力過人有膽畧方賊蹂躪時聚衆築堡至是率衆圍於小源口鉏殺之本省總督軍門佟嘉具勇畧劉委德安府經歷見舊志通志作献賊首於督憲羅錦綉　康熙甲寅江右寇警直通九宮山知縣龔在升親駐隘口團練鄉勇率賴保全　嘉慶元年陝西教匪孫曰華鳩衆滋事邑侯李鍾白諭方銘榜等募勇防守旋平　道光壬寅正月一日崇匪鍾人杰遣党千餘撲縣南門邑侯顧蕘梅率練勇及官兵敗之三日復遣党數百至石宮畈閘城中有備引去十日復遣党數千分二股一由馬槽大路

入一由馬槽山入縣城兵勇大敗之旋平　粵匪之亂陳侯希

唐死難侯諱景雍河南商邱人咸豐癸丑以進士署通山時粵

匪據金陵濱江一帶寇盜蠭起甲寅正月偽總制吳由興國大

畈入境侯以諭土匪出賊遂燬官署出常平倉穀焚掠無算侯

奔省路阻遂奔江右借兵且募勇會羅協戎率師援武昌懇由

通山進期日與會約張銘（庠生里人）一等內應先駐楊芳林遇賊擒

斬數十名時羅兵札大沙口距通山百里張銘在（賊）城距侯五十

里賊偵知之即裂殺銘率黨奔走逆侯侯雖有勇百餘外援未

通山高等小學校

至內應已盧戰於四里藕塘大敗死之年三十五歲陣亡者二十七人（皆公親募勇）邑民欽侯尸得絕命詞云少矜氣節世篤忠貞一官羈絆十月艱辛不怨上官恐責下民無慚師友有負君親埜雨崖側佑六里人初侯涖通山即條陳時宜請兵駐興國上憲嘉其言以省垣力弱遂寢後省垣復陷賊皆由興國進侯亦因是敗惜哉自侯歿後賊勢愈熾十月二十一日胡文忠公自崇陽帶兵克復諭合境團練　乙卯正月賊目偽丞相鍾引賊由大畈入境增生王新運（一里人）與戰於三里板橋死之先是新運慮

賊猖乱無紀聚邑紳起局陽爲奉賊陰實制之嚴軍令修卡隘
陸續屠戮以數百計又默奉上札遵養數月九月崇邑廖賊目
因官軍將至率党來犯即逐出境及文忠公至捐貲四萬解赴
行營乙卯正月隨文忠由興轉通鍾賊率党數萬追之邑侯龍
僅有川勇數十名自度不支懇以守卡事委新運是時傾合邑
之衆不足以當賊鋒運感知己恩又狃於禦廖賊故習身率土
勇數百守板橋卡有姦細輒殺之賊營相距十里三日不敢進
卡左山右河二十一日賊大股至板橋接戰分股由隱水擊運

後又分股於板橋下過河擊運右運三面受敵故不免自是一路焚殺擄掠次日焚新運宅及諸團長宅無敢禦者五日始去留偽監軍汪鎮之自後賊往來如織仍盜恣焚掠蹂躪幾二年　丙辰十月王觀察自崇陽領兵克復通山仍起團練人民安堵　丁巳十一月本府嚴札散練勇十二月興國州城警邑侯王頌三仍起團練諭局紳帶勇札花碕禦之　辛酉五月二日顏匪自義甯竄通山殺掠因四鄉團練月餘復竄江右六月候補道唐帥兵追之札數日移營興國　同治元年壬戌六月本

府黄帯兵至縣清查土匪四年四月初八關咸甯警佐潘諭起團練二十七日劉軍門帯兵札縣城次日移營興國　五年四月張觀察至縣諭令舉行團練次年三月復自興國來巡　光緒三十二年丙午五月哥老會匪吳有元城西人等聚衆滋擾衙署及賓興局先是有元與兄松林好賭無賴不事生業至是煽惑城鄉匪徒衆至數百踞富户索酒食財賄少忤輒嚇以殺燬愚民被誘入會者蔓延至數千紳首控邑侯元遂鳩衆入城滋事旋因上憲委總統戴率兵隊來縣元即逃匿衆皆鳥散賊兄

及党目漸次被獲後元竄咸甯爲縣令陶所捉押赴省垣正法事遂平　民國六年七年前後南北紛爭前後分札本邑北軍共約四千餘名安靜無事隨即前後分往崇陽江西等處

以上兵事

官蹟

韓衡字克佐六里人明經博覽洪武五年以春秋任興國府訓導後舉文學作鍾山應制詩除廬州知府改授湖州才堪時用恪守官箴甚孚民望　朱志先號湄溪二里人洪武十九年拔貢入國子監授山東布政以事左遷鶴慶郡判旋陞徽州知府

復補臨安行修政理歷著芳聲　黄天性字大本四里人洪武三十年以賢良薦任廣德州同知尋改工部都水司主事修漕河駐節於沛沛人建德潤堂祀之李時勉諸公俱贈以詩文

徐儉字節甫一里人洪武建文間以恩貢入京任江西道監察御史遇事直言多建白累官至都察院右都御史加授資德大夫

卓朝用三里人永樂間任西甯知縣以清謹著節政聲赫赫然後奉公檄董民夫赴太和山道卒從者莫不悲慟同寅吏鄭以敬護喪歸其家時人兩義之事見甯州志幷楚紀

吴原

正字復初五里人成化七年舉人授廣西博白知縣築城設堡民賴以安陞恩明府同知經畧有方土酋畏而懷之兄原哲天順三年舉人任四川戎縣知縣弟原聰成化十年舉人剛介自持知山東濟甯州有善政調升雲南嵩明知府人謂吳氏昆仲賢於官云見楚總志　朱廷立號兩崖字子禮伯驥子嘉靖癸未進士初令浙江諸暨暨民健訟作訟誡民為罷訟又作海塘議歲省夫直百金邑人為立生祠少傳木齋謝公迁為之記時陽明王子倡道東南公執弟子禮往詢政學得聞大道之要退

兩作烱然亭（明見陽集）旋內陞己丑以河南道御史出巡兩淮著鹽政志又作巡鹽御史誠及商誠釐姦剔弊歲課增百七十餘萬上賜璽書褒之曰功勤可嘉辛卯巡順天督修河道功成會四川土裔亂甚公督衆力戰平之捷聞上賜金幣丁酉除南京太僕卿著馬政志丙午陞都察院右僉都御史持風紀人不敢犯以私丁未陞大理寺卿條陳三事曰洌慎刑名清吏習正士風上嘉納之陞工部右侍郎轉禮部右侍郎謝事歸年七十有五終公性溫醕器度豁如動以古道自持（見統志）一為學宏深奧衍雄

渾博大官進退可否畧不脂韋時好人亦肅然敬憚之尤精藻鑑督北畿學政得士劉體乾見明史本傳爲會試同考官得士楊繼盛見明史椒山傳居家破門著述賦詩論學不輟其内外備篤於孝友撫兄孤如己出讓以田產宗党貧之者輒周之著有家禮正節要兩崖集請朝疏草行世其鹽政志乾隆中採入四庫登清鹽法志馬政志經兵燹遺失

陳宗夔字惟一號少岳二里人嘉靖戊戌進士邃理學學者翕然宗之居官卿政事旁午有執經問者輒亹亹解說不倦巡撫福建爲己酉鄉試監臨官所品評

士百不失一官浙江兵備副使駐嘉興會倭寇猖突設方畧身先士卒力戰敗之寇遂引去一方賴以保全與鄉人處油油然無所忤有犯之者終不校人稱長者

舒彥字楚傑號十峯六里人由歲貢任四川廬山縣訓導性樸茂言事曾不出口至議論義理則洋洋洒洒遠近士爭負笈從之一時科第多出其門訓廬山時數捐俸金給寒儒其誨人以忠厚正直為本當道知其賢委署縣事卻常例秋毫無取解官之日行李蕭條怡然自若歸家杜門課子幾二十年非公事未嘗輕至公門薑桂之性老

而愈烈　郭允楨號大泉四川合州知州禹輔孫才學宏深嘉靖丙午舉於鄉授北直蠡縣知縣委修葺邊牆有功調任江西廣昌知縣力拒流寇士民交頌有平西保障之稱贈詩盈冊在任抑强族撫善良卓有治行邑人感而祀之有郭公祠　舒宏緒字崇孝號悦齋六里人孝事親家貧益篤邑侯譙公深契其才行字曰崇孝萬歷癸未進士授翰林院庶吉士改授吏科給事中慷慨言事務盡其職彈劾權戚直聲著於當時戊子典試粤西後因光宗年長猶未冊立東宮抗疏力請攖神宗怒落籍

歸杜門謝事放志山水間以詩文自適著有行意草堂敍其文
章氣概與江夏郭正域咸甯孟養浩一時齊名　朱之楫字斯
濟號巨川廷立第四子由選貢授南京建平縣知事多異政兆
五瑞建平人繪圖頌之立祠以祀陞浙江温州府海防同知禦
倭有功轉知府進階朝列大夫告歸養志孝友謙敬訓弟教子
以紹述先人爲事性好善建永濟橋暨佛寺置香火田數十畝
迄今橋寺如新行人無不頌其德　朱之柽號石齋廷立第五
子由歲貢授四川東鄉知縣居官清勤方正不阿削鋤强暴柬

鄉士民戴之時播州寇乱躬督軍糧征勦有功當道交薦神宗特錫欽賜殊勳金字匾額陞夔州府同知告歸養母孝友傳家見鄉党孺子亦改容禮之性樸茂甘淡泊至老督僕灌園以自適日訓子弟守本分勤耕讀年七十有五終

郭喬埈號龍門四里人萬歷乙卯舉人任廣東徐聞知縣革十六社之陋規蠲三十里之科派邑人戴之大書民之父母四字立碑於濂濱墟置登雲館為多士肄業之所勤政節愛歷六載如一日勅授文林郎行取任南京北城兵馬司正二載風清篳轂致仕歸訓子

以濂潔居官詩禮傳家且助貧舉柩許僕還宗恂謹之度里人則之　金仲賢字肖崖天啓間以歲貢任南京大僕寺主簿經明行修御勅西京學者區額解組歸寿八十五卒　謝得懷號明菴六里人持身謹飭為文戛戛獨造與其姪開堂名噪江漢當時稱為通羊二謝乾隆甲戌進士官終漢陽教授　樂鳴韶字夔典西城人學有本源才堪時用乾隆丁丑進士任雲南鎮甯楚雄等縣事署南甯分府所至多政聲奉諱旋里士民皆泣送將起復卒於家　舒道宏號梅峯六里人文行兼優乾隆庚

午科舉人授江西安遠知縣學道愛人士民歌頌為泐德政碑以誌不忘　王明璠號撲夫一里人咸豐戊午舉人援例分發江西試用縣辛酉署樂安釐發剔弊訟獄衰息同治壬戌攝上饒時髮匪蔓延饒募勇數百備守衛鄉設百餘局斂費供給歲近千餘萬公下車廉知其弊毅然詣府請撤另延廉明紳士數人總其出入苛斂十去八九旋署南康康鄉市唐江有武弁郭得勝糾衆滋擾民多逃避時金陵克在旦夕潰逆四竄中丞沈公諱葆楨謚文肅慮勝勾引成巨患求才智吏往治得公以計擒之禍

遂平改篆豐城瓜期甫滿屢調署瑞昌昌外江内湖蓄多水患
公倡築長堤捍之邑人號王公堤庚午萍鄉飢民集衆攘奪邑
南哥老會復竊發於攸醴間勢危甚公捧檄赴萍備籌方畧因
設團練保甲積谷三大政邑遂大治居民建生祠百餘處光緒
甲申以知府入都陛見仍發原省補用歷辦七門城外總查及
義甯茶稅牙釐各差公涖任數邑案無留牘終日坐堂不杖一
人而胥貼服尤嚴胥役給票拘人皆酌路遠近准給差費若干
過索許民揭告門丁綱紀人等惟日給錢二百畏其清廉者皆

紛紛求去居家儉約無仕宦之習素精岐黄人抱病來輒輟寢
食診視之赤貧則施以藥年七十三卒於家　陳源翰號晴嵐
四里人監生見粤匪猖獗憤填胸臆投効記名道王公楨營勦
賊江西時有建白旋執捐縣丞加知府分發江西並捐道員陞
用衡同治丁卯庚午兩科文闈辦理龍門内差事記大功二次
戊辰總辦七門城内保甲銷差後接辦省陝甘雲貴四省捐輸局
務甲戌署南康知府在任期年正已率屬撫輯盡心口碑載道
朱美燮號曉林道光己酉拔貢光緒丙子舉人咸豐初粤匪

竄楚境有團練功議敘知縣同治間署松滋訓導旋署襄陽府

教授光緒乙亥孝孝取孝廉方正次年舉於鄉丁丑朝考一等以

知縣用簽分甘肅己卯署海城時海城立縣未久規模簡陋地

多𤞤種與漢民素不相洽在任期年盡心撫字遂各相安生平

外貌謙和而實有涇渭家素貧以授徒爲業雖無隔宿糧淡如

也每地方有大興舉縣尹多與商定公事外無私謁品學優學

粹鄉里稱賢著有翠屏書屋詩文集　王錫祉號介臣廩生二

里人光緒己卯選授興山教諭俸滿以卓異引見改獎知縣庚

寅選授湖南甯遠，下車數月，積滯一空，尤嚴頂凶一事。頂凶者，械鬬斃命，元凶逃竄，倩人自代也。甯民習為常，公大加懲創，豪猾斂跡。太守光公推公治行為永郡第一。旋選授貴州修文，文故貧瘠，苗民雜處，公到官，以培養元氣為先，一切務為簡靜。時教匪謀亂，民紛告公，公佯不理，陰率營勇一舉擒之，境內以安。龍場驛者，明王陽明先生（諱守仁，諡新建伯）遷謫地也，在治南，祠宇歲久就頹，捐廉修之。同時並倡修武廟。俸滿，獎陞知府，歸原省補用。（以上）

宦蹟

曹起福本境人佐元世祖有功卒勅授國公御葬曹公樓堆書臺畔　張甘棠本境人以武畧冠世爲三邊總鎮元人　周良卿嘉靖時拔貢任德陽知縣以知兵稱陞南京兵馬指揮司正卒予謚安忠　楊時發號玉臺天啟時恩貢胸儲武畧崇禎戊寅委管義甯銅鼓營寇不敢入後授崇陽通城通山總鎮勅賜黃堂簾幕匾額　陳學耀字俊明庠生明體通義清初疏流寇未靖勦團紆難人賴以安然志行高尚不干獎敘知縣任鍾麟張琎襲在升相繼贈匾額詳綽楔志　王邇在康熙時廩生以征

勦土匪隨營參謀餉欵捐貲以濟累功授藍山知縣　方銘榜原名鄭宣邑增生方魁南庠生方希儒士俱三里人嘉慶元年陜西白蓮教餘匪孫曰華糾衆滋事城內居民逃避盡榜等捐貲募勇防堵縣城鄉市賴以安全縣王李鍾白詳申督憲畢准奏部議鄭宣訓導魁南縣丞希巡檢城內武生黃錫勲亦以是役有勦團防匪功保舉六品軍職　章文三里人有技勇嘉慶初遊陜西投効團練處勦平白蓮教匪積功特授守備　鄭令貴四里人有義勇敢戰嘉慶元年隨廣州明將軍征白蓮教匪

歷得戰功保奏五品職銜後事平歸家屢有札選用以親老辭
不起　張開南廩生二里人道光辛丑冬崇陽廩生鍾人杰集
衆滋事官軍進勦駐咸甯南勸諭開卡導以入崇旋平督部堂
裕奏獎六品保舉教職壬寅九月授鄖西訓導　范德元字培
卿一里人豪俠不羈有膽畧年十八充湘勇咸豐七年克復江
西龍泉萬安等處湖南巡撫駱賞給六品頂戴八年克復吉安
以功補外委旋改把總同治三年克復江甯累功至遊擊改戴
花翎後授兩江總督李委帶親兵因功保舉參將光緒四年入

關調隨陝甘總督左以肅清關隴功保陞副將任涼州鎮都司五年署理俄卜嶺遊擊六年以蕩平新疆克復烏魯木齊吐魯番等城復將南路軍入城開復任事出力補參將八年總督譚委管涼州後營都司改補遠安十六年入都陞見給花翎以參將補用十九年任陝甘補涼屬安遠營副府二十一年以勦回匪功賜花翎陞授總鎮都督府屢任大靖及鎮羌等營遊府謝事歸卒於家

附流寓陳天祥字吉甫甯晋人至元十三年為復州招討參軍從買行省渡江論事深為倚重時與國軍乱命

守軍政設施皆符民望用民兵收李必聡寨不戮一人羣寨各散由是流移復業鄰郡來歸者伐茅斬木結屋以居見通志民心既安軍境悉平遂留家屬寓居單之西隅金燭炎下關九井以名家御史商璩薦為天下名士擢居臺諫大德五年以集賢大學士假病致仕屢徵不起至大四年以諸練老臣召顧問不至年八十五卒謚文肅

陳德文係學士陳天祥後元季乃祖宦遊宦廣東聞家遺寇滅遂寓始興德文於明洪武中以文學舉任監察御史陞北平按察使出使西域至撒馬兒罕通大路淹

留十有二年永樂五年始歸其後一支仍還通山以上武功

許立達順治時拔貢官江浦令海寇臨城死之贈江南按察司

簽事嘉慶六年補給恩騎尉世襲罔替御祭有文見志通城東建

許忠烈公專祠

徐國興諱以祥四里人少豪爽有勇力年二

十餘家貧遊陝西平利嘉慶三年白蓮教匪猖獗上命德侃白

三公督勦被賊圍興率鄉民奮勇殺賊圍解授効德公營勦賊

歷著戰功六載陣亡德公題奏嘉慶十八年奉旨照把總例准

給雲騎尉世職嗣子遠俊承襲二十年復奉旨給葬祭費諭立

昭忠祠祀之俊守月高嘉慶二十二年赴都陞見授守備府道光間累任荆州德安城守營總府署理督標中營千總委巡黄梅縣大碼頭以獲盜功奬督標左營守備記大功三次攝遊擊印務

曹國治六里人武生入撫標左營效用授外委中道光丙午武舉赴原標當差歷陞千總咸豐甲寅粵匪竄擾圍鄂鄂撫陶委派督勇巡城六月城陷鏖戰遇害後巡撫部院胡具奏奉旨照守禦所千總例給銀二百兩贈武騎都尉廕子世臣雲騎都尉世襲罔替

程大啟六品軍功咸豐八年四月二十日

在黃安縣地方打仗陣亡見胡文忠公遺集十次請旌卹疏王新運號左臣郡增生一里人以粵匪破省垣竄入本境奉羅忠節公札同邑紳辦團務賞給六品銜十月胡文忠公帶兵復本境諭以清匪并接濟軍餉保舉訓導乙卯正月委率鄉勇禦賊橋板死之事聞勅賜雲騎尉蔭子復衍恩騎尉世襲罔替張銘號理坪庠生一里人咸豐甲寅之變舉兵爲邑侯陳公内應被賊戕害事聞勅賜雲騎尉蔭子懋欽四恩騎尉世襲罔替以上死事

孝子

葉相一里人父任山東鹽運經歷卒於官六年不能歸相時猶

童子聞閔百狀扶柩歸塟於羊都廬墓側三年後受業李先生大崖門篤志好學白沙陳献章少保李承勳俱贈以詩御史翁仰韓觀風至縣單騎詣其家亦賦詩遺之事載輿國志

熊岵六里人進士伯通子不慕榮利自幼即棄舉子業奉侍其父朝夕如禮父卒親負土石為墳廬墓三年有芝草練鵲之祥事聞當道表其門曰孝行侍郎朱廷立為之紀諸士大夫贈詩盈帙

陳昌言邑庠生祖與父相繼早喪遺祖母吳氏及母焦氏姑婦孀居家故貧甚昌言鬻衣備棺塟祖與父恪盡喪禮躬養吳

焦二母竭力承歡常並日減餐而二母甘旨不缺　陳懷瑾懷
璉兄弟俱邑庠生一割股愈父一割股愈母後父母歿廬墓六
年奉養之禮不異平時歲時令節慶祝於塚上事之如生孝行
上聞兩院嘉之贈以匾額　樂太希郡庠生號煦安菴一里人
父邑增生鉉早世侍母方氏不離左右夜侍床第四更始退後
奉諱廬墓五年供養如生廬前芝三本異香不散道光丙戌旌
其門祀鄉賢祠　朱尊爵監生西城人事親怡盡孝養旌表建
坊祀鄉賢祠乾乾隆丙午夏鄰人不戒於火延入朱宅孝子捧

木主號泣呼天反風火竄於河邑侯徐彩贈以餘慶匾額前輩汪承霈蔣祥墀贈以詩　汪宗溥字贊韓六里人歲貢生選應山縣教諭幼得親心長敦子職至老未嘗少懈親歿廬墓三年誠孝倍至詔旌其門祀鄉賢祠　陳垍太學生字仁既六里人附貢生應魁次子孝德克全人言無間壽考八旬衍祥七葉道光丁酉旌表建坊祀鄉賢祠　沈達瑛四里宿儒係庠生閻九次子幼失怙苦志攻書數奇試不售必跪墓前以告母嘗病咳日夜侍側以手承唾母歿守灵夜不解帶者三年旌表准祀鄉

賢祠　趙科進太學生六里人父早歿事母盡孝母病五年湯藥時勤母歿廬墓三年旌表建坊　王翰書字月潭號墨池庠生三里人少失怙依母先意承志不失其身尤慎母疾煮藥進湯必侍以待旦候疾愈始復初母歿哀毀循禮廬墓三年宗族皆以孝稱之　金玉聲八歲母歿越四十年猶設靈行禫服禮以補幼不諳喪禮缺恨不逮事母終身泣下事父依依膝下分財產任兄弟自取父病侍湯藥不脫冠帶其所居房人咸謂之孝子坊房　焦秉文一里人孝順性成親歿廬墓三年遺趾尚

存城西馬槽山　成章歲貢生六里人賦性明厚居喪守禮悲哀三年如一日道光七年學憲王贈有譽洽鄉評匾額　程鳴鑾號鳳陽六里人性懇摯孺慕真誠母病中風參苓五載親喪廬墓苫塊三年知縣潘申詳請旌　全遠珍三里人善事父母母病割股和藥以進病愈咸以為誠孝之感　方正一字重青邑庠生三里人秉性温和事親左右就養孝敬之心始終如一　黄聯第廪生二里人四歲失怙即知哀痛盡禮事母盡孝後應試遵母命勿履險乘舟母思梨遍覓不得遂終身不食梨母

病嘗糞母歿廬墓著有雨山曉齋詩集　吳南有六里人事母孝人無間言年逾古稀溫凊依然母歿守墓三年　梁品五監生四里人事親溫凊定省居父喪不入內室母壽八十九承歡五十一歲如一日友於昆季毫無間言　阮翠玉字琢成監生六里人三歲失怙事母先意承顏侍疾不脫冠帶湯藥必親嘗母歿喪葬盡禮年至七旬夢牀間猶哀號啼泣如孺子然生平持身嚴正遇鄉里勃谿善排解道光己酉歲饑甚家不中貲出穀數十石以濟族中貧乏者年七十四以無疾終　張恢選號

隱士善行

朝拔二里人光緒癸卯歲貢言行不苟居常主敬雖溽暑不脫衣冠與弟恢燮並孝友性成貧苦力學受業於兄事若嚴君父歿兄弟廬墓側母以年滿呼之歸學滿泣不忍去後居母喪動輒以禮方柩在堂生有異草二莖長三丈許色深碧粗如筆管人咸以為孝感所致　夏崇鼎國學生孝事父母母故喪祭盡禮廬墓三年以上孝子　其餘未備載者甚夥

吳志淵五里人學行修整隱德壽終子瑞永樂庚子舉人初任四川經歷改任光祿寺大官署丞景泰八年淵因子得封贈人

稱逸行所致　廖原興五里人成化間歲歉飢民流離轉徙繹絡不絕崇陽通城及本境尤甚興發粟賑之全活甚衆事聞詔建樓旌表後遂名其里居曰牌樓　焦義菴六里人宏治初歲饑餓莩載道菴輸粟賑之崇陽通山城及本境饑民多賴以全活事聞勑封義官並建鼓樂樓以旌之至今人稱其故宅為義官門　朱伯驥號溪南二里人為諸生時山陰薛之綱督視學政獨奇之與蒲圻仵江紳師古廖漢一時齊名成化間同舉於鄉試禮闈下第乃築室溪南臨水面山專攻墳典脫去俗紛後

起為廣州推官從白沙陳獻章遊浩然有歸志退而上書論今人才不相及者古之待士也甚恕故士之自為也甚通今之待士也甚刻故士之自飾也甚周自為之通也縮伸弛張由乎我而光明俊偉之業成自飾之周者舉動視聽從乎人而消阻沮閉藏之念作此人才所由分而事業所由異也且夫人之情忌人之得譽而幸人之得謗舉十人焉九人者我譽也一人者我謗也然九人之譽不足以敵一人之謗譽難信而謗易入也茍非中流砥柱如陶士行松柏獨秀如胡康侯幾何不為其薰灼

而波蕩之也白沙以爲知言遂棄官歸日課其子橫經講學時放歌山谷自適其志（見楚記通志誤載通城人）陳琉字重器二里人宏治十八年貢入國子監及卒業歸養志不仕謹厚雅飭鄉里敬之夏大用字朝佐二里人正德六年授處州衛經歷及歸杜門不仕狷介絕俗居喪執禮有古人風一時士大夫咸推重之熊贊二里人古樸整肅教子胥有成立鄉人賢之（以上明人）葉承露庠生隱逸不仕律身古道邑侯吳思剛贈一鄉善士匾額余憲典號秩倫（六贊之高祖）九品職員嘉慶元年與國防堵教匪有

功邑侯李鍾白詳請獎勵督部堂畢加公八品職銜咨部議敘
直隸分州遇缺當補辭不起任隱居抗志以自適縣主褚鳴whisper
有過望江嶺訪余隱士居詩見本邑藝文志又贈以聯云茶香幾度留
行客竹翠頻來問主人　徐近仁品行兼優放情山水邑候楊
有贈徐隱士七律四則　王家幹號育菴一里人道光乙丑歲
貢秉性端嚴待人和厚事親愛敬曲盡父歿水漿不入口者數
日制滿後春秋設詩薦猶垂涕泣母歿亦然與兄封職宗文同
爨數十年怡怡恭順終身不少衰友敬多年學崇根柢孳孳罔

倦門下登賢書入膠庠者數十人咸豐間粵匪蹂躪本境家遭兵燹棟宇灰燼惟公歲進士匾額巋然獨存時傳爲異同治間以次子肇基團練功封奉直大夫

樂蘊青原名純青號雙橋一里人同治壬戌歲貢癸酉舉人性質温純胸無城府友兄弟和宗族品端學邃名重一時門下登賢書入膠庠者數十人友教多年家無中人產歷任各縣尹皆敬礼之詩酒文讌之外言不及私有澹臺滅明之風焉

樂振玉號韻松光緒丁丑歲貢雙橋之弟也其品行亦與雙橋先生相埒

方坡號醉呆三里

學問

人性豪爽尚節概年十五棄舉子業精六法吟咏有天趣得其片紙者珍若拱璧性不苟取遇人之急無疎戚輒竭力周之道光末歲歉家貲漸落有勸以豪通者謂可得千百貫坡曰人將啼飢號寒之不暇我何忍收賣兒鬻女錢相繼喚負者至焚其券穿本境諸賢令旨雅重之王邑侯稱爲奇人李廣文謂之爲隱君子焉以上隱士善行

韓本六里人知府廷彧子彧博學明經貫通史傳景泰癸酉舉人任廣西太平知府本少傳家學不樂仕進居鄉若寒素倜

儻尚氣節重信義敬賢恤貧著有半醉詩集藏家塾　陳思介

字于石崇禎壬午舉人任浙江奉化知縣著有周易學庸集解

郭夢道喬堘子崇禎時選貢任廣西平樂知縣著有勺菴草

家禮十愼行世　唐正烈康熙時拔貢任蘄州訓導轉陞教諭

致仕著有卯月詩文集十五卷讀史筆談十卷行世餘著述未

梓　謝廷樹號疊峯得懊父康熙庚午舉人著有詩文集藏於

家謝雄飛五里人康熙時廩生讀書目數行下八歲能文鄉里

稱爲才子年逾弱冠卒著有學餘吟趣詩集八卷板藏於家餘

著述未梓　謝開堂號魯屏廷樹孫恃才豪放其文與叔得懷名噪一時著有詩古文集藏於家　朱俊鴻號雙軒乾隆間廩貢選署蘄州訓導以親老辭著有羅阜山房詩集　舒湧號文在五里人乾隆己卯歲貢著有怡情詩集行世　朱美桂號香谷俊鴻少子監生著有望雲閣詩草行世　焦文錦字屏煩號蚕懷附生六里人性聰敏沈靜好學坦白不修邊幅平居寡言至辨析經義輒娓娓如貫珠聽者皆折服為文機警新奇著有易經摺冒經二十寒暑始成其書前呈督憲張鑒正待定付梓

外著文藝藏家塾

附士女朱孺人靜霄一里廩生美桐之女也年十九歸二里夏曉峯甫半載遽隕所天持長齋守禮法人咸敬慕之事聞賜金建坊孺人性貞靜温恭讀書知大義尤工吟咏一時士大夫家欽其德多延為女師著有愛梅閣詩草行世其九宮山萬年松歌崇陽副貢傅肇可採入九宮山志（以上學問）

以上耆舊

人類

本境僻處偏隅隩區也水不通舟陸非通衢故土著之民皆係漢種從無回番苗猺打牲等族自宋初分縣建治即設官分理

户口

故無土司苗裔地非衝要亦無旗丁駐防

以上人類

宋

治平户口玖千捌百叁十陸男女共一萬伍千壹百三十五口

嘉定户叁千肆百三十捌男女丁口無考

明

洪武八年户玖百叁十伍男女共伍千壹百叁十貳口

洪武二十四年户玖百捌十五男女共陸千肆百肆十玖口

永樂八年官户玖民户陸十捌軍户肆百柒十肆貼軍户貳百玖十玖雜役户捌十捌匠户拾共户玖百肆十柒男女共柒千

叁百玖十玖口　成化户捌百伍十伍男女共壹萬肆千伍百貳十伍口　五德七年户捌百捌十男女共壹萬陸千陸百貳十伍口　嘉靖十一年户玖百貳男女共壹萬柒千零叁十玖口　嘉靖二十一年民户百肆十叁軍户肆百陸十一貼軍户貳百肆十陸匠户壹道户壹僧户陸雜役户柒十一共户玖百叁男女共壹萬柒千零肆十一口　萬歷十一年民户貳百軍户叁百玖十肆貼軍户貳百雜役船站力士校尉匠户畸零共貳百十陸户共玖百肆十叁男女共一萬六千五百柒十六口

清　順治十四年民户壹百捌十貳軍户四百壹十貼軍户百捌十捌雜役船站力士校尉匠户畸零共貳百四十叁男捌千壹百陸十五口女七千陸百四十二口户共壹千零二十二男女共零壹萬伍千四百零柒口　康熙二年民户壹百捌十捌軍户肆百壹十貼軍户百八十一雜役船站力士校尉匠户畸零共二百四十三男捌千壹百陸十五口女柒千六百四十二口户共一千零二十二男女共壹萬伍千捌百零七口　同治五年民户萬玖千伍百六十五武昌正左兩衛軍户貳千四

百三十七徐州貼單户貳百四十五流寓户百伍十二户共二萬二千三百九十九男女共二拾四萬二千壹百一十八口

光緒三十四年户三萬三千五百四十三男七萬零貳百七十五口女四萬捌千零六十三口　流寓户貳百六十九户共三萬三千捌百一十貳男女共壹萬十壹萬捌千三百三十捌口

民國六年户三萬三千五百餘男七萬零二百餘女肆萬捌千餘口　流寓户三百餘户共三萬三千捌百一十貳男女共一十一萬八千五百餘口

以上户口

焦氏系出神農周興封其後於焦後以國爲氏宋末由興國迁通山至今傳二十二代　余氏系出由出余後以名爲姓明末由江西長茅迁通山至今傳二十三代　吴氏系出泰伯周興封其裔孫章於吴後以國爲氏元末諸吴由興國迁通山至今傳二十餘代　徐氏系出伯益裔孫若木國於徐後以國爲氏宋時有由通城迁通山者有由江西瑞昌迁通山者有由安徽休寧迁通山者至今傳二十二代及二十八代不等　朱氏系

出顓頊周興封其裔孫曹挾於邾後以國為氏去邑為朱宋南渡初一由婺源迁通山一由武寗迁通山至今傳二十代及二十五代不等　陳氏系出帝舜周興封其裔孫胡公於陳後以國為氏宋時有由江西迁通山者有由興國迁通山者至今傳二十代及二十四代不等　謝氏自自周宣王封申伯於謝後以國為氏宋初由江西巨石巷迁通山至今傳二十六代　王氏系出周灵王太子晋晋生道行時稱為王氏三傳後以王為氏宋末由興國迁通山者有二族至今傳二十代及二十八代

不等　夏氏系出大禹宋末由江西巨石巷迁通山至今傳二十二代　汪氏系出魯成公黑肱次子強生而有文在手曰汪因以賜氏元季由江西迁通山至今傳二十四代　舒氏系出伏羲周興封赫胥氏之後於舒後以國為氏明初由江右迁通山至今傳二十一代　成氏系出周文王子郕叔武周興封於郕後以國為氏去邑為郕成宋初由興國迁通山至今傳二十三代　方氏系出帝榆罔子曰雷封方山後以方為氏宋末由江西巨石巷迁通山至今傳二十四代　樂氏系出戰國昌國

君毅宋南渡初由興國迁通山至今傳二十二代　張氏系出軒轅時工正官曰揮主祀弧星賜姓張宋時有由江西迁通山者有由曲江迁通山者至今傳二十一代及二十五代不等　鄭氏系出周宣王弟友封於鄭後以國為氏元初由江西巨石巷迁通山至今傳二十一代　劉氏系出帝堯夏時有劉累子孫遂姓曰劉元末由江西迁通山至今傳二十一代　黃氏系出黃帝少子受封為黃雲氏周康王時裔孫審復封於黃後以國為氏元末自義寧雙井迁通山有數族至今皆傳二十餘代

宋氏自微子受封於宋後以國爲氏元季由江西迁通山至今傳十八代

許氏系出高陽氏周興封其裔孫太叔於許鄦後以國爲氏以許代鄦元初由江西迁通山至今傳二十四代

程氏系出黄帝其後程伯休父有功於周遂姓程宋時有由徽州迁通山者有由武甯迁通山者至今傳二十代及二十六代不等

熊氏系出鬻熊後以名爲氏明初由江西迁通山至今傳十八代

李氏系出皐陶爲理官後以官爲氏裔孫利貞避難食木子改爲李宋末由武甯迁通山至今傳二十一代

廖氏系出黄帝初姓飂周有飂叔安後去風加广故字從廖明初自崇陽迁通山至今傳十九代　吉氏系出伯儵受封南燕為姞後去女從吉由江西迁通山至今傳二十九代

以上氏族

通山縣鄉土志

農業

農民　農民約肆萬肆千有奇壯者耕耘老幼牧饋

農地　山地多而平原少有純耕山地者有純耕田原者有耕山地兼耕田原者

農產物　本境五穀棉蔴之屬均產共計二十餘種以米薯荳為大宗麥玉蜀黍之屬次之

水利　灌溉器多賴桔槹之類毫無現世新機灌溉之水或取諸

川河或多築塘堰

工業

工人　工民約貳千貳百有奇

紙工　製火紙法先將南竹劈細浸之水塘散以石灰俟成竹麻後起乾之置水碓中舂細再經牛碾碾成粉末將此末置水汁中與水混合用油布一塊帖其上隨起之層抽不止將抽得之濕紙暴乾後即成有用之紙矣課紙則或以稻草爲原料其製法與火紙同

竹工　四民一切日用之竹器具盡賴竹工手成之其粗糙之器具則用力寡而功多下等工人爲之其細緻之器具則其中有文字或人物或山水上等竹工爲之

木工　此等工人多由崇陽縣來本邑者不過十分之二人民一切日用之木器具俱賴木工爲之其粗糙者下等木工爲之其細緻之器具或華構上級木工及雕工爲之

泥工　將細泥切成磚塊或打成瓦片暴乾之再經陶火燔熟之即成通常構屋之磚瓦矣

金工　鑄金銀首飾器具之屬者有金匠銀匠製作人民日用之銅器具者有銅匠製造人民日用之錫器具與洋鐵器具者有錫匠洋鐵匠此外有鐵匠鑄鐵鑵犁頭等器先將各種廢鐵置鐵爐中溶成鐵水又將細砂泥製成模型暴乾灌以鐵水於其中冷即成器他若人民日用之器具均以廢鐵置鐵爐中燒熱鍛鍊而成另有鐵匠

織工　一切土布多賴織工成之工分男女二種其紗線則側純賴女工紡成之曩者頗盛自各種洋布輸入後則漸形消縮

矣

通山縣鄉土志

商業

商民約三千八百有奇或設店於市鎮或販賣於各鄉或營商於漢口武昌九江武穴富池諸市或輸本境之貨於外、或輸外貨入內或以內貨作貨、以購販外貨、雖民風樸實、不能若閩粵諸民營商南洋各國、然亦能通有無、俾本境不至於乏困、良賈實繁、姦商實寡、

商務

茶業

品類　頭茶次茶老茶

產品地　本境各區均產

產品總額以一年計算　一年約計出茶二千餘萬觔

製造　採摘揀選皆男女工

運銷場　水路由興國州出富池口入大江往漢口九江

銷售

價值　頭茶每觔百餘文次茶每觔八九十文老茶每觔

四五十文

釐税　由本境茶釐分局抽取

歷年衰旺情形　前清同治光緒初每歲約價錢十八九萬近來較前減去十分之五六

蔴業

品類　頭蔴二蔴三蔴

產品地　本境各里均產

產品額總以一年計　一年約計出蔴十六七萬觔

製造　皆男工

運銷場　水路由興國出富池口入大江往九江上海銷

售

頭麻每觔二百四十五十文二麻每觔二百文三

麻每觔百八九十文

釐税　由各處關卡抽取外有又本境學堂捐

歷年衰旺情形　前清光緒初每歲出麻五千餘捆近約

四千餘捆

油業

品類　茶油桐油菜油花生油

產品地　本境各區均產

產品總額（以一年計）　一年約計出油六萬餘觔

製造　牛碾及木榨造成

運銷場　水路由興國州出富池口入大江往武穴銷售

價值　茶油每觔約二百餘文桐油每觔二百二十文菜油每觔二百餘文花生油每觔二百餘文

釐稅　由各處關卡抽取

歷年衰旺情形　豐歉不一

紙業

品類　火紙課紙

產地　火紙出本境六里四里三里課紙獨出四里

產品總額以一年計　火紙一年約出十二三萬觔課紙約計

一年千餘串文

製造　火紙由水碓水碾造成課紙由人力及碓造成再

用人工操出

運銷場　水路由興国州出富池口入大江往漢口銷售

價值　火紙上色每觔四十餘文下色每觔三十餘文課紙每帖三四文

釐稅　由各處關卡抽取及本邑學堂捐

歷年衰旺情形　火紙前清光緒以前約二十餘萬觔近來較前減半

以上本境物產向外境銷行

鹽　每歲二千六百引　由武穴入富池口水路運入

鐵　每歲約一萬餘觔　由漢口下江入富池口水路運入

白糖　每歲約三百餘包　由漢口九江水路運入

紅糖　每歲約七百餘包　由漢口九江水路運入

各色布尺　每歲約千餘捆　每捆二三十尺

棉布　每歲約數百捆　由大冶陸路運入

各色紙張　每歲計價八百餘串

洋貨　每歲計價三萬餘串

黄豆　每歲計數百石
小麥　每歲計千餘石
芝麻　每歲計百餘石
棉花　每歲計七千餘觔　由興國大冶運入
木油　每歲百餘石
菸葉　每歲計七萬餘觔　由咸甯義甯運入
小豬　每歲計萬餘隻　由江西武甯義甯運入
兔　每歲計數百隻　由咸甯運入

以上外境物產向本境銷行

藷粉　花生　草紙　白炭　菜油　土布　土絹

酒　麵　黃豆　小麥

以上本境物產在本境銷行

按本境迫狹崎嶇水淺土薄土產種類多製造亦拙計每歲貨物足供本境應用外所入浮於所出者不下數萬金此外牙釐等稅每歲亦不下萬餘金兼之外來百貨騰貴民力殫矣所幸田間作苦尚少游民猶可勉強支持云

通山縣鄉土志

物産 一

馬　騾　驢以上多購自他方　牛　羊　猪　犬　貓以上家畜　虎

豹　野猪　豺　獺　狼　兔　貍　貛猪　狗貛　野狗

香驢　麂　蝙蝠以上獸類　雞　鴨　鵝　鴿以上家畜　黄鸝　布

穀　賀雞　竹雞　鵪鶉　鴝鴒　鷺鷥　淘河　秃鶖　麻

雀　鵲　鴉有黄白二種　鸛　杜鵑　鶺鴒　百舌　畫眉　鷓

鴣　野鴨　戴勝　啄木　翡翠　鶯　鷹　梟　雉　鷗

斑鳩　鴿（以上鳥類）　龜　鼉　螺　蛤　蠏　陽歸（此魚味美惟通山有之至興國陽新即歸故名）　鯉　鯽　鯿　鱤　鰺　鰱　鮎　鰕　鰍　鱔　黃鱔　紅翅（以上鱗介類）　鼈　蛙　蟾　蟬　蛇　蜂（有數種）　蠶蟲　蟻　蚯蚓（以上蟲類）　以上動物

稻（有早晚數種）　黏　糯　大麥　小麥　米麥　春蕎　秋蕎　粱（俗名高蘆）　寒粟　糯粟　黃豆　黑豆　紅豆　綠豆　青豆　白豆　絳豆　豌豆　蠶豆　米豆　棕子豆　白芝麻　黑芝麻　藷（種類甚多，民仰食者十之五六）　乾芋　濕芋（以上穀類）　白菜　芥

菜　扯根菠　萵苣　蘿蔔　莧菜有紅白二種　馬齒莧　冬筍

春筍　油菜　蒜　韮　薤　葱　蕨　芹菜　蕹　山藥

甜菜　百合　葫蘆　石耳　大胡椒　苦蕒　黄瓜　南

瓜　冬瓜　絲瓜　苦瓜　茄子　瓠　桐蒿　苦菜　豇豆

扁豆　刀豆　黄花　四季豆以上蔬類　松樹　柏　檜　桑

柘　棠　槐　椿　皂角　榆　桐　櫟　楮　楓　青棟

株　櫶　杉　梧　烏桕　檀　冬青　楊　柳　櫝　棕

黄楊　萬年松　[illegible]　白楊　苦櫟　南竹　水竹　筀竹

苦竹　紫竹　高簡竹　叢竹　天竹　山茶　茶 以上竹木類

牡丹　芍葯　紫荊　薔薇　蘭　荷　蕙　菊 有黃白二種

木槿　桂花　雞冠　臙脂　月季　白槴　金風　芙蓉

葵　玉簪　紫薇　蠟梅　紅梅　白梅　刺梅　木筆　一

丈花　洛陽錦　綉球　海棠　望春　杜鵑　水仙　桃

李　梨　杏　橙　橘　柑　枇杷　櫻桃　葡萄　落花

生　花紅　石榴　栗子　棐子　柿　棠棣 以上花果類　蔦

芭蕉　艾　菖蒲　寄生草　藍　蘋　蘩　蒿　蓼　藻

鈴兒　蕭　鳳尾以上草類　鳳凰草　金銀花　威靈仙　天花
粉　仙遺糧　鍾乳石　天仙藤　益母草　金櫻子　玉竹
蔓　淫羊藿　蔾蘆根　白菊花　黃菊花　青葙子　劉寄
奴　夏枯草　萬年松　八角疏　見風消　無名異　雞冠
花　鳳尾草　骨碎補　內紅消　循骨風　散氣丹　地骨
皮　天門冬　淡竹葉　明党蔘　外紅消　香紫蘇　望月
砂　含水石　家藿香　土硫黃　松花粉　海風藤　白土
苓　黑山查　黃精草　白頭翁　夜明沙　何首烏　石菖

通山高等小學校

蒲　芽桔梗　鮮石斛（有金釵珍珠石竹三種）　厚樸　薄荷　天丁

地榆　細辛　防已　辛夷　甲珠　香附　苦蔓　石耳

皂角　白芨　烏葯　石葦　穀精　貫衆　半夏　瓜蔞

桃仁　芫花　桑皮　鈎藤　杷子　滑石　乾葛　荊芥

木通　風藤　胆草　前胡　獨活　牙硝　艾葉　黃柏

紫桂（以上藥類）　以上植物

煤炭　石灰　磺　以上礦物

通山縣鄉土志

學校

公立高等小學校壹、在縣城內鎮南書院及文昌宮（縣立學校）

私立高等小學校壹、在第八區寶石（區立學校）

縣城內有國民學校四、

本邑共十區、各建立壹國民學校、

全邑共計數十餘私塾改良

本邑學務不能發達之原因有數種俱述於後、

通山高等小學校

(1) 山性使人塞、人民多固執古訓、重舊輕新、新舊不能平均

(2) 經費困難、貧者無錢可捐、富者有錢而不肯捐、關於公會神會等諸費、人民亦不肯少撥、

(3) 辦學事者多苟且從事、名曰重學科、實則有科而無學、口稱育人才、實則似才而非人、

(4) 攷中學校之資格不一定、以高等小學校畢業者為限、而攷高等小學校之資格、亦不必以國民學校畢業者為限、以致人皆欲任高等而輕國民、欲居中學而輕高等、

廟壇

通山縣鄉土志

寺廟

大成殿在東城建修如式名宦祠在大成殿左鄉賢祠在大成殿右　文昌宮在大成殿左　武聖廟一在縣治西白鶴山麓歲久傾圮邑紳成禮門子樹勳兄弟獨力捐修費錢六百餘緡一在六里濯港口一在橫石潭下街一在四里城山　昔萬寿宮在署西即古洞淵觀歲久傾頹民國以來從新改建作爲公所　風雲雷雨山川壇在縣治溪南翠屏山麓三閭祠左　社

稷壇在縣治北門外　先農壇在縣治西鸞迁橋南　奎光閣在白鶴山麓歲久傾圮誥封朝議大夫王光業第四子誥封中憲大夫鴻翔因舊基重修計費金壹千餘緡　城隍祠在東城

龍神祠在東城寅賓門外　昭忠祠在縣西關帝廟右祀故縣令陳公景雍及殉節諸士民　忠烈祠在聖廟右祀殉節知縣邑人許公立達　陳公祠在縣治南兩崖山麓　節孝祠在縣署右祀已膺旌表申請入祠諸節孝婦　三閭祠在通津橋南祀楚三閭大夫屈原　新息侯祠在關帝廟左祀漢伏波將

軍馬援　精忠祠在縣西多寶寺內祀岳武穆　三山祠在多寶寺內祀宋文山文公天祥疊山謝公枋得明椒山楊公繼盛　泰嶽行宮即東嶽廟在新息侯祠左以上壇廟　洞淵觀在署西為縣治元天會所　多寶寺在縣城西門外今設有初等小學校　亢山寺在縣治西北十五里為一里世興會所　雨霖寺在縣治西十五里為二里會所　靈泉寺在縣治西北四十里亦為二里會所　茅田寺在縣治北十五里為三里會所　望江廟在縣治南十五里為四里會所　翠屏寺在縣治南四十里為四

里會所　萬杉寺在縣治南四十五里爲四里會所　北山寺
在縣治南三十里爲四里會所　城山寺在縣治南三十五里
爲五里四里會所　郭城寺在縣治西四十五里爲五里會所
雲梯寺在縣治南四十里爲六里會所　北山寺在縣治南五
十里爲六里會所　崇福寺在縣治南三十五里爲六里會所
以上寺觀其餘寺觀甚繁不及備載

荆楚文庫

〔民國〕蒲圻縣鄉土志

宋衍綿 修纂

《荆楚文庫·方志編》編纂組

組　長：賀定安　陽海清（執行）

副組長：劉傑民（執行）王　濤　謝春枝　范志毅（執行）

參編人員（以姓氏筆畫爲序）：

王　濤　李云超　宋澤宇　范志毅　馬盛南　柳　巍　陳建勛

梅　琳　張　晨　張雅俐　陽海清　彭余焕　彭筱漵　賀定安

楊愛華　劉傑民　謝春枝　嚴繼東

編　審：周　榮

顧　問：沈乃文　李國慶　吴　格

前言

《〔民國〕蒲圻縣鄉土志》一卷，宋衍綿修纂。民國十二年（一九二三）鉛印本。封面印『蒲圻鄉土志 余聯輝署簽』。

宋衍綿，字延齋，邑人。

蒲圻，三國東吴黄武二年（二二三）置縣，因縣址初建於蒲圻湖畔而得名。蒲圻縣自有明一代宣德三年（一四二八）始，四修縣志，今盡無存；清季亦四修縣志，流傳有序。宋衍綿於民國元年（一九一二）膺選爲縣自治會議長後，尤留心邑中掌故，自山川陂澤、亭驛寺宇、先賢勝蹟、遺聞新政，下逮風土物産，靡不纖悉諏訪，掇而藏之。未幾解職，後居家閉門著書，踰歲脱稿，囑其門人劉樹仁校勘，先後三易其稿，始得付梓。志分四篇，曰緒論、天文、地文、人文，篇下分章，凡三十四章，約五萬四千字。

《〔民國〕蒲圻縣鄉土志》有序兩篇，序前有大幅蒲圻縣全圖，序後有凡例、書目、目録。除序言、凡例外，該志第一篇緒論又專設『蒲圻鄉土志之緣起』一章，對晚清、民國修鄉土志背景及與傳統志書區别述之甚詳。由是可知，蒲圻鄉土志是在『厚民生、拓民權』時勢下對傳統方志的一種發展：『新聞紙之發行，過即成廢，即前此志乘一再翻印，施之今日扞格，殊多山脉不詳，水源失考，動植物僅有名目，不著産地。礦物則并名目亦無之。其他如自治、警察、鐵路、郵電，皆古所無，而今當補入者。此鄉土志之纂輯所不容已也。』

此志爲便初學起見，故意義必取顯明，段落務期短簡，多采舊志體例，亦一本新裁，舊志所有者提其要，舊志所無者補其闕，舉所謂切者近者。是縣人民多以農爲業，而工商次之，叙農事詳盡。第二十二章農業，依次述第一節水利堤防、第二節稻（種稻之手續、糞種之材料、除蝗之方法、老農之占驗、田器之種類、農田之雜糧）、第三節茶業、第四節麻業、第五節蠶業、第六節棉業、第七節林業、第八節漁業。章下有節，節下有甲乙丙丁，新式排序，新詞紀事，糞種之材料用『發酵』『結核』『化學』『游離室素』等新詞表述傳統農家肥漚製過程及肥效，契合該志出新裁爲今日新政之大者初衷。茶葉乃蒲圻特産，本志對蒲圻茶葉産地、栽培、製造加工，製成品種之青茶、紅茶、黑茶皆有介紹。

是志半頁十三行，行三十三字，小字雙行同，有句讀。兹據湖北省圖書館藏本影印。（楊愛華）

目録

蒲圻鄉土志

余聯輝署簽

蒲圻

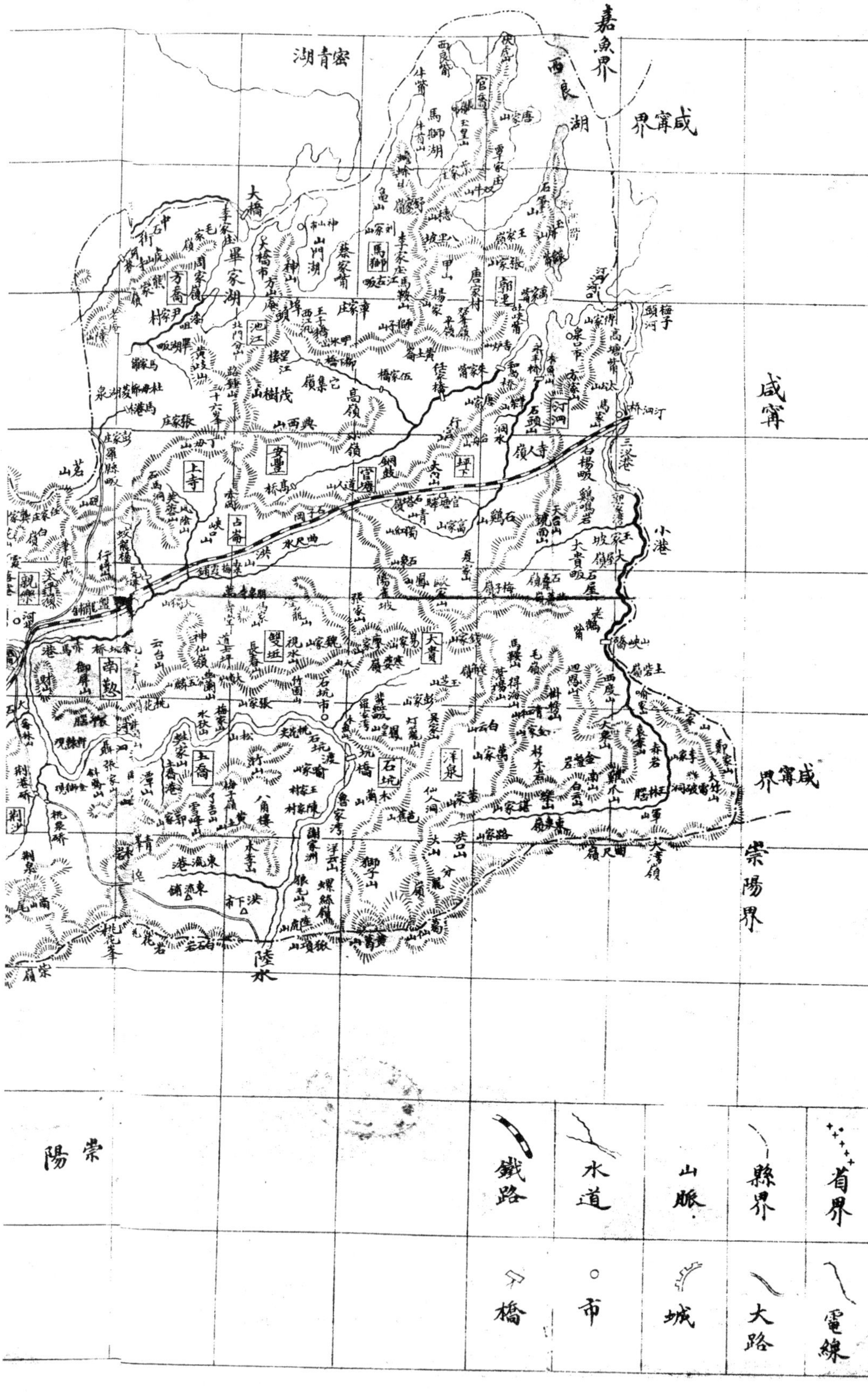

縣全圖

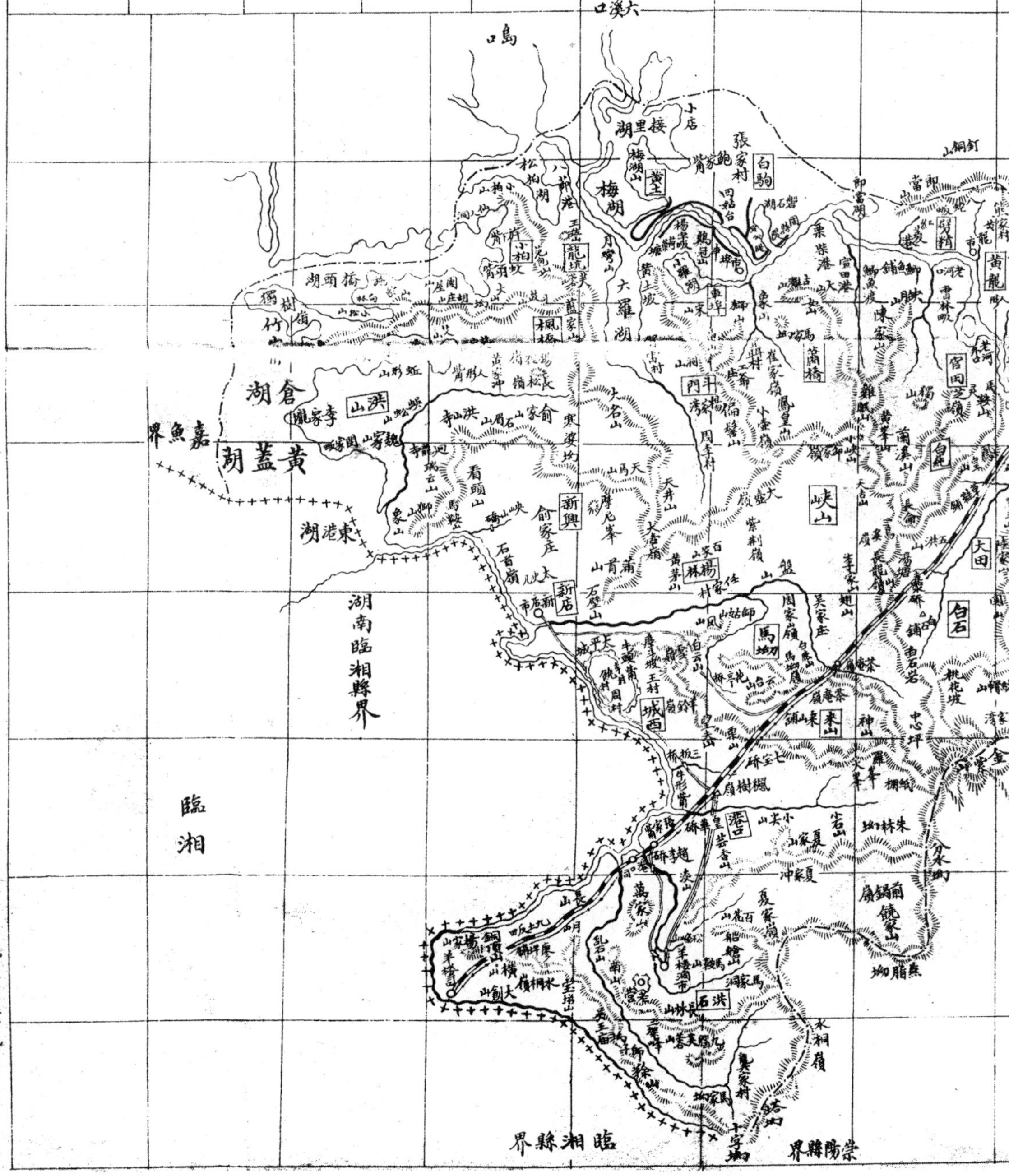

北區	西區	東區	南區	中區
劈精 方喬 官喬 上寺 池江	車埠 黃土 楓喬 斗門 峡山	土喬 大貴 石坑 占崙	洪石 東山 新店 城西 馬坳	城廂 南懃 白莼
安豐 馬鄉 黃龍 坪下 郭連	蕭喬 龍坑 官田 白駒 小柏	洋泉 官塘 雙垸 汀泗	港口 白石 新興 楊林 洪山	荊沙 親樂 大田

蒲圻鄉土志叙一

周禮地官設鄉師鄉大夫管子首憲分國爲鄉鄉爲之師孔子論治亦言觀於鄉而知王道之易古先聖賢何以重視其鄉若是蓋人也者由一身而推之於家又推之於國而鄉則家與國之樞也嘗考之三代上之治天下自下而上三代下之治天下自上而下自下而上者則以一國之大山林川澤之殊風土人情之異非可以一人之力整齊而强制之也於是寄其治於鄉焉九家相保五比相受四閭相葬五族相救五黨相賙五州相賓而爲之上者第握其綱要以井田樹畜爲養以庠序學校爲教辨其土宜厚其風俗而一鄉以治而一國以治自上而下者則以一國之大可以一人之力整齊而强制之也於是寄其治於官焉以民爲可用也而臨之以政以民爲不可用也而馭之以法亟亟焉日爲官所以治民者謀不爲民所以自治者謀嚮者一鄉之相保相受相葬相救相賙相賓者至是方一人一家自衛之不暇以至民生日蹙民智日窒其有司賢者僅足已亂不肖者更何足言治嗚呼此古今治忽之所由分其所關者鉅矣國淦 邇者有志搜集吾國方志以求治安天下之本又嘗旁徵各國圖籍以期瞭然世界

之大勢退而思之學者之患往往明於萬里而闇於跬步今有人焉與國淦討論世界各國及吾國地志其經緯山川戶口物產之概要若歷歷在目至於年久居之京師一詳究焉則幾瞠乎不能對騖其高者遠者遺其切者近者此所引爲自疚者也有清之季曾有編輯鄉土志議國淦時寓蕪湖重是邑人士之請爲纂蕪湖鄉土志以餉學子若吾邑則欲歸未得而舊志自同治重修後近數十年鮮紀載者蓋亦有志而未逮者矣宋延齋先生鄉之隱君子也劉子覺民以其所撰邑鄉土志見示國淦受而讀之凡爲篇四章三十有四舊志所有者提其要舊志所無者補其闕舉所謂切者近者一一著之於編使吾邑之人皆知有鄉焉其爲力之勤何如也昔者晉伯宗遭重人於道知其爲絳人而問絳事焉古之人莫不自知其鄉不知其鄉烏言治國今之言自治者重在縣鄉治國之道無古今中外其理一也若先生者詎僅有功於吾鄉其殆深明治體者與癸亥夏四月張國淦敘

蒲圻鄉土志序二

蒲圻縣鄉土志若干卷先師宋延齋先生之遺箸也曩予肄業岣校從游先生劬伯游見其所擬鄉土志體例甚詳備而惜其採摭未遑退以語先師遂斐然有述作之志第羈身童帳尚有待也民國初元師膺選爲縣自治會議長尤留心邑中掌故自山川陂澤亭驛寺宇先賢勝蹟遺聞新政下逮風土物產靡不纖悉諏訪掇而藏之未幾解職家居杜門著書踰歲脫稿囑予校勘以予之譾陋何敢贊辭第辱厚知不敢有隱輒獻見許前後凡三易稿稿成而吾師精力苶然憊矣然猶昕夕踽踽斗室芟削不已方擬所付梓俄及大故易簀時愍愍以鐫刊遺稿爲囑嗟予雖貧乏敢不自竭以成先師之志耶今幸刊竟又丐張潛若先生爲之序師可以不朽矣惟念竟不及見風雨晦明不禁泫然民國十二年中秋門人劉樹仁謹叙

蒲圻鄉土志序

四

蒲圻鄉土志凡例

一本志計總論一章天文二章地文十八章人文二十一章共三十四章藉備軍政商學各界留心蒲圻地理者之參考

一本編爲便初學起見故意義必取顯明段落務期短簡

一本編故實多採舊志體例一本新裁

一本編山脈水源悉本遊山紀畧是書爲地學專家周溥成先生所實地調查足補舊志之缺

一志名鄉土故凡動植礦等物必標產地其有爲本地所產而不能指明爲何地者概行割愛

一本編稱引地名如大小港柘坪雲車嶺係臨崇與本縣交界處按之舊日圖志並確鑿記載非敢任意欄入

一本編紀民國以前事用舊歷以後事用新歷

一本縣人民多以農爲本而工商次之故敘農事較詳

一本縣自治皆昔日所無而爲今日新政之大者故詳細列入

一本志爲劉子覺民敦促匆卒成編其有遺漏訛錯處尚希我邑明達代爲補正以成完書

蒲圻鄉土志採用書目

湖廣通志
湖北地志
蒲圻縣志
方輿紀要
文獻通考
周禮政要
郡國利病書
中華郵政全書
中華農業地理
新農業教科書
武昌商業史
新溪學校校友會雜志

蒓報彙存
逸周書
致富奇書
遊山紀畧
野舘雜話
餘冬叙錄
本草綱目
格致啟蒙
商業地理
幽蘭山房存稿
曾文正大事記
江海險要圖志

揚子方言
農桑輯要
實業淺說
京師譯學舘輿地講義
蒲圻縣自治會議事錄
中學地理教科書李廷翰著
庶物異名疏

輿地經緯度里表　湖北全省輿地圖

湖北財政司調查表　石首縣鄉土志

蒲圻縣署財政一覽表　易縣鄉土志

蒲圻縣鄉土志目錄

宋衍綿延齋遺稿
劉樹仁覺民參校
周自新子荷繪圖

第三十四章　補遺

第一篇　緒論

第一章　蒲圻鄉土志之緣起

大中華湖北六十九縣、蒲圻其一也、蒲圻之名、始於吳赤烏中、其時縣治設於[illegible]湖側多蒲、故名、隋開皇十二年、洪水泛溢、移治鮑口、唐初則就陸溪川中樓年、仍遷鮑口、地近蓴塘、故蒲圻亦稱蓴川、自唐以前、嘉魚崇陽。並隸版圖。疆域雖廣。而風氣未開。地之遺利亦多。宋以後、則崇陽嘉魚。各自爲縣。蒲之幅幀愈狹。而文化反日益進。魏杞山謝松坡之政績。廖洞野之文章。仵忠甫之氣節。載在史冊。焜耀一時。由明而清而民國。茶市開則財賦倍增。鐵路修則形勢尤重。輿地測繪家。絡繹於途。凡蒲圻以外之人。莫不欲知蒲圻。而生長蒲圻者。或多不知蒲圻。不亦傎乎。近京省同鄉創辦蓴報、於務民義、厚民生、拓民權、雖極力提倡、然新聞紙之發行、過即成廢、即前此志乘一再翻印、施之今日扞格。殊多山脈不詳。水源失考。動植物僅有名目。不著產地礦物則並名目亦無之。其他如自治警察鐵路郵電。皆古所無。而今當補入者。此鄉土志之纂輯所不容已也。

第二篇　天文

第二章　蒲圻之經緯度

民國中央政府以教育部之中央觀象台爲中線、在其東者爲偏東經度、湖北全省皆在中線西、蒲圻位次、則在偏西之最東者、

經度

蒲圻縣治在偏西二度、四十一分、三十二秒、

經度相連各縣

武昌咸寧通山嘉魚崇陽通城均在偏西二度

地球周三百六十度、與天相應、其中腰爲赤道、自赤道至北極、凡九十度、爲北緯度。中華全國、皆在赤道北。湖北居中華之中。緯度南自二十九度、北訖三十度之北、南限於湖。北限於山。而湖山之間。有蒲圻。其南北位置。可依緯度定之。

緯度

蒲圻在省西南、適當北緯二十九度、四十分、二十二秒、

緯度相連各縣

通城崇陽通山咸寧嘉魚、均在二十九度中、

第三章　經緯度與日月朔望關係

逸周書月解云、亦越我周、致伐於商、改正異朔、以垂三統、至於敬授民時、則自夏焉、是新舊曆並行、古已有之、今日之蒲圻亦然、

新曆　即陽曆、改用自南京政府始、現中央每歲歲終、仍由部頒行新曆於各縣、蒲之官廳學校、並遵用之、新曆以日爲主、（地球繞日一周爲一歲）每四年閏一日、二月二十九日取便會計、

舊曆　即陰曆、以月爲主、民間債務、布種選擇、均與此曆有密切關係、故不易改。現通俗以陽曆爲官曆。陰曆爲民曆。新舊參用。官民各分。政令上缺點也。

二至（冬至陽生日晷初長中國人皆以冬至爲曆　夏至陰生天時漸短元已開陽曆之先聲）二分（春分秋分晝夜平均　春分日正照赤道西人近有議改春分爲歲首者）

朔望　月魄晦朔弦望、舉頭即見、（月在日地之間晦面對地是謂朔在地之後明面對地是謂望在地左右明晦各半）

是謂上下弦

交食　時分不同，方向食分不同，可證經緯度不同，

經度不同。節氣時差各異。節氣時刻東先西後，武昌在偏西二度，應後於北京八分四十八秒，如武昌正午十二點，京師則午後八分四十八秒。

緯度不同。晝夜長短攸分。即一月一日為例，以明日出入之差，蒲圻山脈來自幕阜，幕阜山日出六點五二分，日入五點十一分，宣恩南關則日出六點八五分，日入五點九分。

紀念日　二月十二　清隆裕遜位南北統一紀念日　五月九日　項城承認日本二十一條要求，為國恥紀念日

十月十日　武昌起義國慶紀念日，一稱雙十節　十二月廿五日　共和復活紀念日，即雲南護法興師日

第四章　星野與兩極之測驗

一天星斗約分二種，曰行星，曰恆星，行星位次無定。如金木水火土等星是。恆星位次有定。如二十八宿之種是。然半隱半見，不易辨識，其最易辨者，則紫微垣、北斗七星，古時列國分野，皆以星象爲符號。星經云，北斗玉衡星主荊州、

北斗與北極辨　北極常靜北斗常動蒲圻塾師講論語譬如北辰章或以北斗訓北辰、蓋誤於俗傳北斗經引衆星共之也、

北極星非北極　北極卽北辰無星附近有句陳大星、冬至夜測句陳以定北極高低、俗遂以北極星爲北極、非是、

南極星非南極　北緯以北之地、終古不見南極、湖北江南一帶所見老人星、蒲人多誤以爲南極、壽額則曰南極星輝。祭幛則曰南極星沈。不知此特南方最明最遠之星、其去南極尙不知幾千萬里也、

張文襄督鄂時、嘗用步天歌爲初學讀本、熟誦此歌、仰觀星象、瞭如指掌矣、今學生多不識星名、宜於夜課補習之、又南極附近有星如十字架、卽步天歌亦未列入也、

第三篇　地文

第五章　雪雨量及風向

空氣者人類生存之要素、其爲物也、熱則漲。漲則鬆。鬆則輕而上升。冷則縮。縮則緊。緊則重而下降。而風雲雨雪於是夫生。

雨　蒲圻森林頗多、故雨量亦足、春夏潮濕重、或大雨時行、秋冬則往往陰雨連綿、久旱需雨、吏民率衆舁神以爲祈禱、此風蒲圻最盛、舊志載禱荆泉、禱掘泉、禱城隍者、不一而足、

雪　雪深三尺、先兆豐年、此等雨雪、蒲圻冬令必有數次、惟清康熙初雪積五旬始解、咸豐末年地深五六尺、光緒庚子冬一夕樹皆凝冰、斷折極多、（晉書謂之樹介）則非祥實災矣。

風　蒲圻春夏多東南風、秋冬多西北風、東風生萬物、而蟲蟻亦作、多爲民害、西風殺蟲、而蠶事大忌、南風實資長養、然小暑日遇之主旱、（蒲諺小暑南風十八朝）總之天道無全功。須人事以輔之。

北風來自朔漠、經中原空氣調劑、寒威已減、更得大別武勝各關爲障、故自武漢至此、北風之烈、不惟迴異塞北、并異河南、

強風及颶風　近人區風爲數種、有軟風、和風、疾風、強風、暴風、颶風等名稱、除軟風和風有益農作外、餘皆有害、蒲圻稻花開時、尤常起強風。農人苦之、春夏間間有颶

風。民國戊午三月、夜半大風、自東來南向西北去、所過發屋拔木、明天啟二年二月

清康熙四年四月、亦然、

蒲圻距武漢近，雨量風向，大畧相同、江海險要圖志，會測有漢上風、雨表、茲據湖北地志所修正者、附錄如左、

雨量		風向
一月	一寸八二	東北而正東而東南
二月	三寸一五	東北而西北
三月	四寸三九	東北而正北
四月	八寸六三	東北西北而東南西南
五月	九寸　三	無定
六月	廿三寸二六	
七月	六寸七八	
八月	三寸六四	

九月	十二寸三九	東北而正北
十月	九寸四	
十一月	三寸三一	東北與正北
十二月	一寸九二	東北

第六章

蒲處省南、距塞北嚴寒、粵南酷暑之地。各數千里。故氣候較和。

立春　春後寒氣猶重、往往釀成春雪、民國二年春仲、大雪、知事姚汝嬰曾紀以詩、清光緒癸巳、康熙辛未、則三月三日、及十三日、並下雪一次、異事也、（康熙辛未三月各縣牛多凍死有一縣僅存三頭者見幽蘭集）

立夏　四月漸熱、久雨亦寒、故諺有四月八凍殺鴨之語。

立秋　七月熱漸減、秋燥或反加熱、俗名二十四秋老虎。（覃壽彭苦熱行到處炎日烈如虎即指此也）

三伏三九　皆極熱極寒時候、諺云三伏不熱一點悶、又云三九二十七、籬落吹觱栗、（即詩一月觱發二日栗烈之謂也）餘如四九等月、最平和、

蒲地江漢氣候畧同江海險要圖志曾測有漢上溫度表茲據湖北地志所校訂截附

	最高度	最低度	平均		最高度	最低度	平均
一月	五八	二七	四二・五	七月	九八	七五	八六・五
二月	五六	一〇	四五・五	八月	一・・	七八	八八
三月	七八	三七	五七・五	九月	八七	七・	七八五
四月	八八	四八	六五・	十月	七二	六二	六九・五
五月	九	五八	七五・	十一月	六七	四八	五七・五
六月	八八	六四	七六・	十二月	六一	三一	四六

第七章　地質

地球表面之現形、乃經過若干次、地質變遷以後之結果、蓋地殼有時受內力作用、自動而驟易其形其露於表面之岩石因風吹雨淫溫度變更漸淪爲砂土砂土因風雨之力遷移而停積於低處復凝結爲岩石此卽滄海桑田之謂也

火成巖　卽初次搆成地殼之岩石蒲圻雖無著名火山、而五洪山下、有泉出如沸

湯、足徵地中熱甚此或可斷定爲火山遺跡且自此至鳳凰山。石色青黑。質堅可爲建築材。富於基性的成分與西人所謂安山崖者合。

水成巖　凡岩石變爲砂土停積水底復凝結者蒲圻密巖白煤崖等處岩石成層其桃嶺雪峯、採礦者謂下層皆粘板巖尤足爲水所搆造之確證。又白鹿山及洞坡、等處大半白砂砌成此地在太古時疑皆海而稍高者流沙至此壅積不行日久水涸、遂成爲山、

附石鐘乳及石笋　石灰岩爲水成岩之最著者其中多石洞是因石灰岩易於溶解之所致灰石溶解於炭酸水內、久之炭酸飛散、灰石沈澱而凝爲灰華、著於岩石空洞中、下垂如氷柱曰石鐘乳蒲圻穿崖洞所產是也。上矗如塔峯曰石筍縣署所產是也、

墨池　烟煤礦苗被水溶解、從石隙滲出、故色黑如墨池在今金盤山下

蒲圻土壤、沿河一帶多砂、蓋山水暴發。挾沙泥而走。兩岸田畝先受之故土皆砂質。少粘性爲沙尤肥饒。宜家禱判沙大田等團土宜似之。其次則平原之青泥土又其次則

黃土層。皆富粘性。

第八章　山脈

蒲圻山脈、分兩大支、南金紫、北隨陽、蒲圻河居其中、爲天然界線、茲分別詳述之、

一　金紫山脈　自黃龍幕阜（水經注統稱爲桓山）諸高山迢迤而來、至塔坳佛嶺入蒲圻界、先分鐵爐坪、炭嶺羊樓司、銅頂腦、蓮花洞港口驛馬家洞、蔡家嶺、羊樓洞、張公山、趙李橋諸山、

金紫山之主峯　自分水坳羅漢巖各石山、橫列數十里、始起此東南西三鄉之祖山、在縣南白石團、峻聳入雲、高出羣峰上、

金紫山之東支　仙人坪、青峯嶺、了髻山、雪峯山、梔子嶺、皆峯巒萬仞、其餘支至崇陽洪下、遞爲潭頭山、金獅觀沿河諸山、

金紫山之西支　包官嶺、筆架山、看龍嶺、羅峯、大峯、小峯、雷打尖、皆層峯插天、其餘支過茶菴嶺。爲雲台山。過高嶺爲望夫山、至太平城、黃土壢、崩壢、沿新店河東上下十餘里而止、

金紫山之正脈　自筆架山過橫坡嶺白石山、出湯塘畈分二支、右爲五洪山、度天橋、起鳳凰山、東支爲縣治、西支起淩巖、左自烏溪嶺過木蘭嶺、選佛社、起峽山一帶高峯、東行者爲獨山、仰山、茅山、麟趾嶺、望山、止於沿河之黃龍車埠等處、西行者爲小壺嶺、大壺嶺、皂角坳、蒲首山、止於新店馬蹄湖等處、

蒲首山　西鄉諸山、以蒲首爲少祖、由摩尼峯下官山坳、起石門山、天井山、鷄冠山、大名山、諸高峯、左起洪山、擲頭山、馬鞍山、止於馬蹄黃蓋等湖畔，右起王子山、芙蓉山、至晒穀灘、止於大小羅湖、

大名山　爲蒲首山脈之遠支、自此過寒婆坳、起九龍山、臨濟觀、小柏山、泉湖山、普安堂、入嘉魚界爲鐵山嘴、左至烏口、大江邊、右繞柳山湖至石頭口而盡於大江之祭風台、赤壁山、

二　隨陽山脈　黃龍山自南昌嶺繞通城崇陽通山咸寧界、過小嶺、起黃葛山、葛仙山、及隨陽山、在縣東洋泉團、爲蒲圻東北鄉衆山之祖。山高十餘里、蜿蜒下趨、歷小泉、大泉、漆坡、大遢、起神仙嶺、過沙塘菴、（上有天池大旱不涸）折而西。爲東堂之金鷄坪、分

二大支、

隨陽山之西支　大南山、幽蘭山、視水嶺、八里嶺、一派高峯、共數十里、始起靈應豐財二山、與河西鳳山對峙、若旗鼓然。

隨陽山之北支　自東堂過皂角坳、經燈籠山、石人山、占崙團、石塔嶺、張家嶺、金鷄壠、起余家菴、太陽腦諸高峯、更北趨官塘驛、山公橋、水平橋等處、盡於北門岙、西艮湖畔各石山、

石門嶺　自余家菴至此、更西遞爲分龍嶺、峯巒亘十餘里、

丁毋山　一名丁畝山、爲方裔上峙分界處、山陽有石馬洞、隨陽山脈至此、更分二支、

黃岐山　卽丁毋北支、繞池江關、分佈埠頭神山、又由池江過山口、東北趨、起金盆、養鯉山、猪婆山、馬鞍山、御屏山、至郭家潭、衙門嘴、循西艮湖而止、

磨盤山　卽丁毋左支、從此向西南逆走、起天馬山、行將山、入南勤界、止於赤馬港、河北龍翔山、亦其支派也。

茗山　山產茗、故名、中穿長峽、爲嘉蒲此衢、自天馬山至通西遞爲香石山、龜山、官兒山、入嘉魚界後更由石鼓山、大牛山、轉入蒲圻、起畢家橋一帶山峰、亦止西貝湖、

釘鍋山　在河北劈精團、自眞靜菴後、白板山迤邐而來、爲大馬山遠支、嘉魚之官山、大崖山、南嘉第一峯、皆由此過脈、

按隨陽山脈綿亘數百里、盡於辥州、自此以後、多嘉魚山、不具載、

第九章　河道

蒲圻河道分三大流域。中爲蒲圻河、西南爲新店河、東北爲汀泗河、皆入江、茲分述之、

一　蒲圻河　舊稱陸水、從水經注也、然陸水之源謂出修水者固誤、謂出界嶺之界首山者、亦似是而非、惟通志以爲出上雋鄉、頗爲近之、然未得其詳、按陸水實出通城張師山下、孔家源、馬港、幷百丈潭等處、在通城曰上雋曰通城河、入崇陽界。至大沙坪、曰下雋、曰崇陽河、東流出崇陽洪、而蒲圻河之名始著。

蒲河流域　自洪下灘西北流、歷石坑渡、聶泗渡、飽家洲、黃城埠、至縣城南、遶城東、過浮橋、更西北流、經大沙洲、黃龍、車埠、出荷葉塘、越活湖、接里、柳山、抵界石、凡滙潭二

十有三。潭名詳後漁業從此入嘉魚六溪口，出江、

入河諸水　木蘭港自木蘭潭入河　塘灣港自魯家河流入　雙坵港自石坑渡入河　洋港自土裔圍入河

樓閣港自金獅觀入河　荊港瀝桃泉自鴨口入河　赤馬港自南芹圍入河　白石港發源白泉至佳樹橋與冷熱泉合至草鞋鋪與七里沖諸小水合自大石橋入河　霞落港自親樂圍入河

紅菱港自劈精圍入河。　龜坑港自鼓潭上游入河　栗柴港自劈精白駒交界處入河

二　新店河　一稱新溪蒲圻河外水道較大者首推此河、

新店河之來源　河爲臨蒲界線凡臨蒲之水皆歸焉、其遠源則出臨湘翁姑山十字坳。近源則出本縣大小港、歷羊樓司，出望湘橋而舊志遂指此爲大幡水來源、誤矣、

新店河上游水道　望湘橋附近有趙李橋、羊樓峒南山北山水由此入河、抵皇華橋、件旗山各水，亦由此入河、更西流出黃土𡉏三板橋而屈家堰水合焉越碧潭寺、太平城崩𡉏、而季婆塘洪塘大塘之水合焉過此爲學士灣、而雷公橋花亭橋、青石橋陽城橋諸水畢會於夜珠橋始名新店河。

新店河下游水道　自夜珠橋折而南，滙臨湘萬峯諸溪洞水於灘頭，又大姑橋、小姑橋、新橋之水，亦自下游來會，西流入馬蹄湖、鹿軸橋、余家橋之水，復會於東港湖，經黃蓋湖，出鳥口入江。

三　汀泗河　水源最複雜，在咸寧者，則大金山、穿石裏、三接橋爲最著，在蒲圻者，則洋泉、仙人洞及大貴各溪澗，遂漸聚滙，北流入雙叉港，爲汀泗河源，下游則合泉口諸水，並瀦於西𡶶湖。

第十章　湖澤

湖澤凡分三種，有入流而無出流者，謂之容受湖，有出流而無入流者，謂之宣洩湖，入流出流俱備者，謂之交與湖。蒲圻湖澤如西𡶶、黃蓋上按河下通江，其爲交與也無疑。此外則來源不盡可攷，而下流多入陸水，要皆可以宣洩，槪之分述如左。

蒲圻湖　一名西𡶶湖，源出咸寧峻水嶺及白泉梓潭諸溪，又西江山門池口汀家溙、郭家潭諸水，畢會遂成斯湖，湖南岸爲衙門嘴，卽古縣治遺址，北連老阬、赤城等湖，附近有馬獅湖、大灣湖、山疊湖、畢家湖、後湖、茶湖、蜀湖，

蒲河北岸湖　自郎當湖以下、有磬湖、王家湖、湯家湖、梅湖大湖、高湖、錦湖、接里湖、沙陽湖、螺絲港湖、眞湖、

蒲河南岸湖　自西門湖外、有蘭草湖、流霞湖、殷家湖、三官湖、黄泥湖、陳家湖、南塘湖、鴨兒湖、大小羅湖、黄土湖、活湖、龍坑湖、

松柏湖　在蒲圻河與新店之河間、湖形畧如人字、北連柳山湖、附近有郭公湖、左荆湖、滄湖、黄蓋湖、橋頭湖、冷水湖、東港湖、均由烏口出江、

第十一章　水泉

蒲圻水泉最多、溉田無算、利澤洵孔長矣、其尤異者、或欝爍如葦清之池。或沈潛如東阿之井。或隨地濆湧。如河源之發星宿海。是一縣而兼天下之勝也。彙紀如左

荆泉　源出荆泉山洞、初出幽黝無聲、百步外、始震撼如雷、

桃泉　距荆泉可二三里、泉小而深、下流與荆泉合、

掘泉　在縣東古崙團、相傳有婦人以杵搗地、得泉因名、

洋泉　一名沈泉、源出咸甯味泉山、入蒲圻界數里、下注大石竇、聲如萬鼓、遂伏不

見、亦濟水之支派也。

湯泉　在五洪山下、隆冬如沸湯、浴之可療瘡疥、

白石泉　距白石山里許、出石崖中、下流爲白石港、

石人泉　在洪石團、有石突起平野、高可三丈、形似人、故名、五十步外、有泉、周環可數武、索水源不得、詳視之、皆自地湧出如沸鼎。羊樓洞彭家壠泉亦然、泉港亦在洪石團、

烏石泉　出西良湖中　神山泉　亦出神山湖中

牛泉　出馬蹄嶺石牛口　乳泉　出百崖莊後山腹

第十二章　礦物

蒲圻礦產、除芙蓉坡銻礦外、其貴重若金銀銅鐵、不少概見、而煤礦則所在皆是、至若硫礬諸石、亦礦類有用材也、特并志之、

銻　硫　銻多從硫鑛中煉得、芙蓉坡產銻、硫之豐富可知、

礬　五洪山下有溫泉、袁局以爲中有礬礦、流經此自溫也、

赭石　産荆泉九土畈大小峯尖俗呼銀硃石掘之供丹鉛用

石墨　爲純粹之炭質色黑如鉛有光鴨兒湖上烟墨石疑卽此石之見榮者、俗傳張果老煉丹於此、眞神話也、

煤　分柴煤白煤二種、不含礦者爲上、含礦者次之、

産地　東鄉桃花嶺、鷹木崖、將軍山、雪峯山、柿樹拗、南鄉仙人坪、高家山、西鄉苦竹橋、横壠、麻石井、北鄉任家橋、大山頭、

按蒲圻四鄉均産煤、要以東鄉爲最。東鄉則首荆沙、鷹木崖、桃花嶺、均産白煤、火力甚强、不含硫礦、上品也。將軍山炭層厚二丈、礦産之富可想、仙人坪現出炭甚旺、煤質亦佳、當與柿樹拗並論、苦竹橋大山頭出産雖豐、微含有礦、且多粉末、雷峯横壠含礦更重、雖多未能及遠、此外或未開辦、或已停歇、不具論、

第十三章　植物

苞茅夙誇楚貢。杞桑並美楚材。正不徒江陵千樹橘、致富比千戸侯。爲當世所艷稱也。蒲者、楚之一份子、土地沃饒、天産甚富、草木之蕃殖、花卉固足供賞玩、而科學發明貧

利用者尤多、茲擇其最著者紀之

（一）草本植物

蒲　葉形如劍故有蒲劍之稱、西艮湖側最多、蒲圻得名以此、

蒓、葉似馬蹄莖紫色、柔滑可爲羹、蒲圻蒓塘以產此著名、

蓮　花香美子食之能清心、其地下莖亦可口磨碎澄粉尤佳各鄉池塘野生者多、惟大田荊沙人種之田、獲利較優於穀、

白菜　俗呼襄陽白、種來自襄陽也、西門最佳。北門營內次之、

萊菔　俗名蘿蔔、其嫩芽最適衛生、莖短圓而大、隨地可生、東洲所產尤勝。黃龍泉口等處產量浸相埒、然終遜其風味。

芸薹　俗呼油菜、葉肥嫩時可食、子可榨油、渣可爲肥料、產地以大石橋一帶爲最。每二月花開、望之儼黃金世界、

玉蜀黍　土名包穀、東鄉皮家嶺、富家嶺、產最富、常以繼糧、

菸葉　六月開花淡紅色占崙官塘汀泗等團多產之、

玉竹　一名尾彡、蒲山到處產之、故有蒲玉竹之稱。

菱　車埠鷄鳴港產最佳、花隨月而轉、實而兩三角不等、

蘭　四鄉山谷皆產之、惟九穗十穗者少、幽蘭山以多產著名、

（二）　果木植物

梨　樹高數丈、花開如積雪、入秋果熟、南鄉中心坪所產頗富、

桃　二月開花、花後生葉、五六月結實、荊沙團芭蕉壋、種有百餘株、其實甘芳肥碩、地在萬山中、亦今之桃源也、

栗　洪石雲車嶺多產栗、有茅栗、板栗、侯栗、尖栗、水栗、五種、

李　二月開白花、夏仲果熟、北鄉桐子嶺月山灣產最盛、

梅　冬月開花、來年四月結實、堪充藥餌、嘉蒲界上多產之、

棗　木心赤、四月生葉、五月開小白花、花落結實、產雲台山、

橘　葉綠花白、果皮色青、熟則黃赤、皇華橋饒氏園種有數十株、每至冬令綠葉間朱實離離、亦足觀也、

石榴　果熟則開裂、顆粒整列可觀、洋泉仙人洞、舊有此樹、

烏臼　子可榨油、水邊籬落、觸目皆是、惜無人解接博捩轉諸法、

（三）　喬木植物

柏　一稱側柏、葉爲鱗片形、材木製器甚美觀、大田黃沙寺費公柏大二丈。長十餘丈、龍坑𪆧濟菴亦有一株、皆千年老木、

松　葉如針、常青、與柏同、蒲俗墓道多樹之、近年需用甚夥、伐去者不少、惟鮑家洲森林最盛、鄉民嘗有盧竹鮑樹之稱、

枏　葉新陳相換、花黃赤色、紋理細密、世稱良材、洪山寺側一株、大數十圍、高十餘丈、老幹無枝、而生氣拂拂、信珍物也、

杉櫧　蒲諺云、子孫屋。櫧杉木。以質堅而蟲蟻少。宜於建築。故樹之者、多然要以柘坪及大小港山爲最、

檮　紋理密緻、色赤、製器甚美觀、東鄉出產頗多、然連抱者少、惟芭蕉墒社廟前二株大皆十圍、亦被伐作枕木、惜哉、

楓　幹高二三丈、各鄉皆產、峒市紅茶箱板及壓磚機器、並用楓木、採伐頗仍、而向之稱楓嶺楓坡者、或不見一楓樹矣、

檀栗　木質堅韌、爲造車及建築要需、南鄉蔡家嶺、邱家山、荷葉山等處、多產之、

楊柳　親樂白楊山、及南鄉楊林圍、並以產楊著、柳則沿河最多、

梧桐　葉鮮綠闊大、蒲俗多植於庭院、讀六友山房記可見、

木蘭　石坑圍木蘭山、因多產此樹得名、

第十四章　動物

蒲圻東南多山、西北多湖澤、野味時鮮、固已充籾林藪矣、而私家所畜、亦復日增蕃息、雖種類紛歧、更僕難數、而其犖犖大者、固有足紀也、

（一）　家畜動物

豕　家字從豕、蒲民無貧富、畜之、然不足供一邑之食用、來自沔北及雋水者、歲亦不少、

犬　性警敏、善嗅、獵戶畜之、常使逐捕狐兎、淸咸豐壬子、千總胡起太死粵難、犬

守其戶七日則不惟靈敏而且義俠矣、

牛　分犦牛水牛二種、犦牛小而水牛大、蒲民所畜則水牛少而犦牛多、肉味甚美、革價亦昂、鄉民多私宰者、大妨農事、

馬　力强善馳騁、蒲圻城市昔多畜之、以供服乘、自郵電興、驛站裁、鐵路通、往來便、武科停、騎射廢、而畜馬者日減少矣、

羊　分山羊與綿羊、蒲邑山澤間多畜之、然終不蕃殖、每歲秋冬各鎮售羊肉者、多來自河南云、

雞　蒲俗家畜一雄數雌、供司晨產卵之用、近雞蛋爲出口大宗、養雞者多獲利、惟丁巳辛酉兩遭潰兵、沿路雞無遺種焉、

鴨　蒲民畜鴨、不如畜雞者之多、惟荆沙園留軍坡村民以養鴨爲業、家常數百頭、今完全隹朱姓近港口一帶、居民多畜洋鴨云、

鵓鴿　蒲民視爲玩物、畜之者少、　蜂　釀蜜之利、視爲自然、

（二）　山野動物

鳳　蒲城西南有鳳凰山、與黃龍間、鳳集於此、故名、

雉　一名野雞、蒲圻湖山各半、山雉胸骨突起、湖雉則平如舟、

鷉鷥　色黑如鴉、喙長微曲、善沒水取魚、蒲圻河鷉鷥潭最多、

鷺鷥　毛羽純白、林棲水食、蒲圻沿河深林、如鮑家洲皇華橋等處、每夏秋間、林木爲滿、

鳧　雁　則以湖澤爲多、

烏　雀　鳶　鴟　多於村鎮附近覓生活、

狐　形似黃狗、尾大、脊毛深厚而有光、蒲圻山澤皆產之、

兔　胎生、蒲產分兩種、山兔毛色麻而黃、湖兔則麻而黑、

獾　分狗獾猪獾二種、穴居喜睡、蒲民多於山畔蹤跡之、

獐　麂　獐麂屬、無角、麂小於獐、有角、喜鬭、獐毛粗而麂毛柔、東南山鄉多產之、大爲農害、而山農亦多工設罟以捡麂、

虎　豹　虎毛色黃、間以黑斑、豹紋或作金錢、及艾葉形、製裀褥均美觀、清康熙末蒲山多虎、常白晝出傷人、港口望夫山豹尤多、獵戶蔣姓、三年曾獲九豹云、

蝙蝠　似鼠非鼠、荆州清谿諸山洞、有白蝙蝠、大如鴨、蒲產則皆小而灰色者、矢多蚊眼、號夜明砂、能療目疾、

(三)　水族動物

鮭魚　俗呼春魚、以春天產卵、自海溯江入河。蒲圻惟新店河上游畢家畈一帶有之、居民設罾撈取、隨取隨焙、味極鮮美、

銀魚　卽膾殘魚、出蘇松江浙、蒲圻黄蓋湖亦產之、長一二寸、圓如筋、白如銀、僅目有兩黑點、食之味美、醃者名銀魚乾、

鰷魚　長僅數寸、狀如柳葉、俗呼楊葉鰺、蒲邑溪澗最多、張白蒓囘龍洞記、石鰺潛遊、形影碧亮、卽指此也、

鯉魚　長者達三尺、背鱗多帶金色、味美、蒲民最重之、至冬月用鹽醃晒、揀鱗尾完全者、以除日薦於祖先、謂之財魚。

鯽魚　與鯉同類而體較小、色黑、肉厚而味甘、所在池澤多有、惟蒲圻河沿岸石穴所產、俗呼石鯽、尤肥小而腴美、

鯿魚　一名魴魚、小頭、縮項、闊腹、扁身、味腴美、黄蓋湖多產之、丁巳冬、宋訓臣起綵所得、約値千金、大半皆縮項鯿云、

䱭魚　狹而長、狀如尖刀、鱗細色白、滄湖最多、俗呼滄䱭、

鰺魚　色白少油膩、喜食湖草、西北湖潭多產之、俗呼草鰺、

鮎魚　一名鰋魚、團圓滑無鱗、有鬚、蒲圻舊所屬鮎潰鎭、以多產此魚、故名、今已劃歸嘉魚、

龍　西良湖某潭、有婦人晨起汲水、見一物橫亘湖汊、長不可度、衆往視之、龍也、又淩巖白龍寺、以白龍從池中出、故名、

第四篇　人文

第十五章　沿革

蒲在虞夏商周時、疆域無可攷、大約皆古荆州地、春秋戰國屬楚、秦爲南郡、至兩漢始有沙羨之名、屬江夏郡、建安十三年、吳程普守江夏、治沙羨、即今武昌府治也、吳嘉禾三年、將軍呂岱領潘璋士衆屯陸口、後徙西良湖側、屬武昌右部、是爲蒲有縣

之起點、湖側多蒲、縣名以此、晉太康元年、分置郡邑、蒲圻屬荊州長沙郡、通志一云屬江夏惠帝元康初、分桂陽等七郡立江州、以蒲屬武昌郡、東晉爲汝南郡、南北宋爲郢州、屬江夏郡、按宋書地理志文帝元嘉十六年分長沙之巴陵蒲圻上雋江夏之沙陽立湘州則蒲在宋時原屬長沙而方輿紀要及通志皆云屬江夏俟考蕭齊因之無改、梁爲上雋郡、合崇陽在內又有沙陽縣、即今嘉魚又分置沙州、尋廢、隋平陳、郡亦廢、分荊州爲郡二十、改名鄂州、蒲圻仍屬江夏郡、又以沙陽併入、開皇十二年、洪水泛溢、縣治漂流、乃就鮑口權立、

唐武德四年、使人王宏讓、刺史周和舉、就陸溪川中權爲縣、貞觀七年、仍還鮑口、即今治也、按蒲舊有鮑山石頭山魚嶽山嘉魚縣之得名以此南唐大中間始升爲縣唐鄂州江夏郡、領縣七、四蒲圻、土貢銀碌貲布、有鳳山監錢官、唐末屬湖南馬氏、後入南唐、分置嘉魚縣、見文獻通考又通考注蒲圻吳縣有赤壁嘉魚本蒲圻地附之鮎瀆鎮以多生鮎魚故名唐天寶三年本道以鎮界所管舉仁宣化等三里合爲一鄉屬鎮徵科楊吳時升爲嘉魚縣見寰宇記

宋爲武昌軍、領士一仍唐舊、宋初置荊湖南北路統二十四州軍屬北路至道二年改武清軍爲武昌軍紹興三年改湖北路嘉定十五年改壽昌軍元改武昌路、屬湖廣行省、所統郡邑如故、

明爲武昌府、洪武甲辰二月、領州一縣九、四蒲圻、

滿清分湖廣爲南北二省、蒲圻屬湖北省、府縣仍舊、

民國成立、廢府、分三道、八區、　圻屬江漢道、第一區、

蒲圻縣沿革表

朝代	總部	郡	縣
唐虞三代	荊州		
春秋戰國	楚郡		
秦	南郡		
漢		江夏郡	沙羨
東漢	荊州	江夏郡	沙羨
三國吳	荊州	武昌郡	蒲圻
晉	江州	長沙郡	蒲圻　合崇陽在內
宋齊	郢州	巴陵江夏	蒲圻
梁陳		上雋	蒲圻

隋	鄂州、	江夏	蒲圻	
唐	鄂州	江夏	蒲圻	天寶中分置唐年縣今崇陽縣通城也
五代	鄂州		蒲圻	南唐保大中分置嘉魚縣
宋	武昌軍	江夏	蒲圻	
元	湖廣省		蒲圻	
明	湖廣省	武昌府	蒲圻	
清	湖北省	武昌府	蒲圻	
民國	湖北省	江漢道	蒲圻	

第十六章　疆域

蒲圻城周七里三分，爲門六，東聚奎、南迎薰、南西丰樂、西賓成、北拱極、西北匯通。在省治西南三百六里，與本省之咸寧、嘉魚、崇陽、及湖南臨湘四縣毗連，壤地犬牙相錯，頗有山水以爲標識，

東北界咸寧　汀泗、北接咸寧本鎭爲界上之標準，

洋泉　東黃泥坪、北七里冲、均界咸寧界上要地。昧泉山、

東南界崇陽　石鐙　洪下市東接洪上，以洪石灘爲界，

荆沙　東接三山源，以水嶺、萬家嶺爲界、

洪石　夏家嶺南接方山，以佛嶺爲界，塔坳亦界上要地，

南西界臨湘　洪石　羊樓司南接臨湘市、以河爲界、

新店　河自港口城西流入新溪、名新店河、西與臨湘之灘頭市接、界上要地萬安橋、

西北界嘉魚　洪山　西接嘉魚鐵山嘴、界上要地黃蓋湖、

小柏　龍坑　均與嘉魚接連、以柳山湖爲界、

白駒　西接嘉魚之官山大巖山、界上要地八斗閣、

方奇　北隣南嘉、以董家嶺爲界、界上要地白湖蜜泉湖、

第十七章　區劃

蒲圻縣東南一百一十六里、南北三十七里、（見湖北地志）向沿地方習慣、析爲四鄉三十里、四十四團、民國二年、分全縣爲六自治區、鄉制微有變更、而團名都里如故也、茲分著如左、

一　鄉團之區劃　城內置城廂團、餘四十三團、分隸四鄉、

東鄉　南勤　土喬　洋泉　大貴　官塘
荊沙　石坑　雙坵　占嶺　汀泗

南鄉　大田來山楊林新店港口　白石馬坳城西新興洪石

西鄉　白純蘿橋車埠黃七龍坑楓橋　官田斗門白駒峽山小柏洪山

北鄉　親樂勝精安豐方喬馬獅　黃龍上寺坪下官橋池江　郭連　凡十一團

二　都里之區劃　都里爲戶米所係名雖不著未可忽也

一七都上　二四都　上三都　五都　九都　十四都上　十八都上

一七都下　六八都　下三都　十都　十四都下　十八都下

十九都上　十五都　十一三都　二十三四五都上　二十六都　上三十都上

十九都下　十六都　二十三四五都下　二十七都　上三十都下

下三十都上　市上　三十二四都上

下三十都上　市上　三十二四都下

附論鄉團都里沿革　邑舊有三鄉、西南吉陽鄉、統七里、東北長樂鄉、統二里、西南沙陽鄉、統四里、宋元祐初、以長樂叅咸寧、明洪武中分爲四十三里、永樂并爲三十八里、宣德並爲三十里、嘉靖間編制稍殊、萬曆一仍宣德、滿清因之增爲四十四團、

都里淆亂之原因　清制百一十戶爲里、統十甲、爲一圖、甲係於里、里係於鄉、蒲圻不

然、人編數戶、分係數里、鄉地不得而係之、原其故、始患官司橫暴、而率爲畸零、其後豪猾之戶、利其飛洒詭寄、隱匿包攬、諸弊、而因緣胥吏以爲奸、胥吏亦利其弊而甚之、而舊籍蕩然矣、

三　自治之區劃

城自治區　一稱中區、城廂南勤、荆沙大田白蒓、親樂、

峒自治區　一稱南區、洪石港口來山白石、

新店自治區　由峒分、新店新興、城西、楊林、馬坳、洪山、

石坑自治區　一稱東區、除南勤荆沙、劃歸城自治外、餘仍舊、

車埠自治區　一稱西區、除白蒓洪山劃屬城廂新店外、餘仍舊、

神山自治區　一稱北區、除親樂劃歸中區外、餘仍舊、

按市鄉自治、向本五區、後董令欽墀援九區投票之說、交議分劃、僉以自治係永久性質、與選舉投票臨時性質不同。用費浩繁、置區不易。惟南區地廣人稠、財力較裕。咸主劃分、而六區遂爲定制。

第十八章　種族

武昌首義、以排滿爲號召共和、成立復合漢滿蒙回藏爲一家，種族之見又漸泯矣、蒲圻民族、向皆漢種、然移殖有先後、而後來每覺居上。近則回人滿人、間有入籍者、岷江之源、始於濫觴、雖寥寥三戶、亦未可忽。並志如左

土著之漢族　蒲未置縣時、歐駱佘三姓、即世居此地、諺云歐駱佘三姓一家、又舊志載駱瀚歐陽炳和、皆漢末人、其卜居之早、已可概見、然今並衰微不克自存、

移殖之漢族　元末明初、江右民族、多自進賢縣瓦子街、移居蒲圻、近月盈千累萬之盛族、皆此種類也。

回族　蒲邑城鄉、間有回民、然多來自河北、商販於此、日久遂成土著、夙性嗜羊牛、不食豚肉、葬惟用子午向、風俗與漢微異、

滿族　民國初元、政府將荊州旗民安插各縣、吾蒲始有滿人、然僅居城內、而四鄉無有也、今則死徙者過半矣、

附論民數　蒲圻人數、清光緒初、約二十餘萬、自乙酉大疫後。戶口類多衰耗。近各姓

續纂譜牒、皆云人丁損三之一、民國成立調查人口、東西北鄉皆三萬以上、南鄉則五萬以上、可十六七萬人、

第十九章　語言

蒲圻方言、在清濁間、游學異地、及商販各省者、皆習漢話、國語、或外國語、惟山僻耕作、與守舊之士夫、則多操土音、茲舉其特異者、

爹爹　蒲之北鄉人呼父爲爹、西南鄉則呼父爲爺、呼祖爲爹、

媽媽　蒲俗差生子呼嫡母爲娘、呼生母爲媽媽、

相公　蒲俗稱人兒子也、京城則以此爲賤稱、猶滬上之稱先生也

黏米　糯米性粘滯、宜稱黏米、蒲人則呼粳米爲粘米。

滾水　波浪滾滾、謂冷水也、蒲俗則呼極熱水爲滾水。蓋以沸騰狀似滾滾流也、

降　順從也、蒲人則呼執拗者爲降、猶尚書注馴擾爲擾治亂爲亂也

吸　西南鄉人呼乳爲吸、蓋取嬰兒口吸之義也、

喊　喏　南鄉呼喚人謂之喊、東鄉及城內則謂之喏、

困渴睡　蒲俗呼睡覺爲困渴睡、意謂困倦矣、且去睡。

上了當　謂人受損、　過不得　謂人不安、

高嶺劉午僑先輩曾集蒲諺爲歌謠錄之亦足覘蒲圻土風焉

刁民潑婦眞無賴傻子呆駝太不靈。擂拔似聞捶麥响哎喲疑受打拳聲。養牛連唱於哪夥。拍馬羣呼溜屁筋。怎樣問渠爲麼事。相贏讓子佔幾分。鑿糟情性難容世。囉唆論言那可聆。這個鄉談眞古董。楊雄採並太玄經。

蒲圻語言因毗連陵縣多有類佐者

崇陽語　荆沙石坑如楓樹嶺東流港十字坳一帶、尾聲多近崇陽。

臨湘語　自羊樓司至新店沿河一路口音半似湘人。

咸寧語　汀泗橋街坊居民、詞氣之間、多雜咸寧語。

嘉魚語　方喬白駒人與南嘉民相錯處、鄉音亦多相類。

南蠻鴂舌、北方譏楚人語也、今漢話通行天下、昔日土音已改革殆盡、吾蒲鐵路便利、山澤之癯、無不出外游歷、縱不能猝通東西洋語言、亦宜稍習國語也。

文字附論　文字爲語言代表、世界文字約三百餘種、蒲民所通用者爲漢文、漢字近日士尙進取、留學海外及國内大學卒業者、莫不各擅長一國文字、東文有但燾、覃壽公、吳祖蔭等、英文有余日章、黄昌穀、劉樹杞、雷以綸、張翮等、法文有賀之才、賀牧西等、俄文有賀之俊等、德文有劉樹仁、雷羲等、而以習英文者爲尤多、凡卒業中小學生、無不通英文、人才輩出、文化日增、袪從前蔽塞之風氣、而漸卽開明、又何蕲川之不能遽易爲南通也哉、

第二十章　宗教

中國宗教、向推孔子、老子次之、佛耶則遠自西來、歷代崇尙不同、遂因之互有盛衰、今則信敎自由、將訂之國憲、吾蒲民雖富於保守性、對於各敎、又烏能歧視哉、爰分志之、以著吾蒲民信仰之所趨焉。

第一節　孔教之信仰

孫吳置縣時、戎馬倥偬、禮敎未遑也、迨唐改遷今治、鄭元璡首於金疊山建學宮、是爲尊孔之濫觴。宋遷城南、昉建黌基、乾道中更修宮廟、而背任廖周諸公、始以儒學顯、竹

溪新溪兩書院、亦相繼成立、孔教遂漸被全邑。胡元入主中夏、九儒十丐、嚴分等級、實宗孔者之厄運也、而知縣王斌、乃加意學政、韓世輔復於學宮建敬德堂、斯文遂得一線留遺、自明及清、而孔教乃大昌、

碧巖　在蒲首山南、明魏觀當元末、來此建亭讀書、後佐太祖勛猷卓著、世亂則隱居以求志、治則行義以達道、孔子之徒也、

凌巖　在鳳山西、明仵瑜、廖道南、謝鵬舉讀書處、仵之節義、廖之文章、謝之政事、均卓越一時、足分尼山瓣香矣、

鳳山書院　學使蔡潮遷雎陽祠、因其址建書院、明示邦人以黜釋崇儒、又山巔一亭曰仰高、其願學孔子、已隱然言表、

龍門書院　縣令王雲翔建、邑人朱客山講學其中、造就多人、客山究心性理、著有五經條纂、闡明聖學、孔教的派也、

五經山　謝長慶構塾山陽、友教子弟、從游者人授一經、其後謝登敞、馬之鵬、以詩以易、遞登賢書、孔學之盛、可見一斑、

心山社學　王祚垣黃圖昇等三十八人、結社茲山、講明孔學、近學科雖改、不專以四子書取士、而蒲民崇尙孔教之心、依然未替、每逢至聖生日、衣冠致祭者、所在皆是、洞鎭文昌閣猶爲隆重、

第二節　佛教之信仰

蒲圻佛寺、凡四十有八、肇迹於唐、歷宋元而盛於明。朱元璋以皇覺寺僧而有天下。姚廣孝以嵩山寺僧而爲佐命。故明世君臣多奉佛。士大夫化之。而祠廟遂盛。淸之順康雍乾、雖並佞佛、要不若明代之甚、故廟宇之修葺者多、而創建者少、

延壽寺　在金鼇山、唐永貞中、僧威公建、有藏經閣、淸嘉慶時知縣鄭家屛重修、附有義學、咸豐二年兵燬、白石寺觀音寺洪山寺均延壽寺分

鳳凰寺　唐廣德二年、都峯和尙建、明洪武中、歸玉岩重修、玉岩熟諳地理、爲緇流之佼佼者。八案廟張王廟均鳳凰寺分

雪峯寺　唐咸通二年建、山勢奇險、盤旋而上、約三四里許、忽平衍、寺藏其中、遙望江河、宛若襟帶、宋及明淸皆重修、

上方寺　在荆沙團、玉巖山、唐僧道馨建、明謝師啟重修、淸康熙中謝允璜迎洞山元潔和尙住持、東南各寺、多洞宗焉。

碧潭寺　唐僧照公建、後倚古城、前繞長河、頗佔形勝云、

木蘭寺　明建、僧太玄、少入空山、恪守戒律、臨終趺坐誦經而逝、

百巖菴　開山祖爲大雲和尙、能詩、不著姓字、殆明末遺老、

蒲圻先達奉佛者

袁刺史昭文、手書金字金剛經、藏大貰團靑龍寺、

魏司徒說、致仕歸、惟日與老僧說法。家有放生池、魚尾皆有紅印、見公與邑令書

饒若蒙、自六合縣令解組歸、於蕭橋桃花井上築菴居之、

宋秉榮、刺饒州、歸、建羅峯寺於花紅山、爲退隱地、

馬淑昌、究心釋典、講學雪峯寺、人稱雪峯和尙。

鄒應錫、息心內典、馬亦昌、好禪、足迹遍天下名山、

第三節　道敎之信仰

蒲圻道觀似不若佛寺之盛、然其人材俊逸、往往傑出浮屠上、雖不皆蒲產。而楚材晉用。亦有足供紀錄者。

黃葛山　相傳葛仙翁、黃眞人、先後來此修煉、上有丹竈劍池、水清冽、飮之愈疾、朝禮者日多、縣令某惡之、塞井夷竈焉、

仙人洞　唐道士劉元靖訪道南岳、借經吾蒲、曾小住此山、

玉山洞　在西郭外、鳳凰山側、荆山道人王玉愛其山水、因徙居焉、廖太史燕崖棲竹日、龍洞貯蘿烟之句、爲玉作也、

五岳觀　在南門外、故山川壇、宋端平間、道士陳洞卓錫金叠山、族類頗盛、明學使蔡霞山、取其地改爲書院、遷觀於此、

張王廟　道士夏靜齋、善畫、人亦瀟洒、無塵俗氣、

天井山　道士楊足五、工詩、書畫亦可觀。爲羽流特色。

蒲圻先達奉道者

楊易生汪伴江漢間、自言年已百歲、誨人以修身養性之學、旋歸結茅以居、絕粒啖

泉、日一句、久之端坐化去、

以上所列皆道家所謂玄門也、玄門祖老子、不畜妻室、淸淨無爲、一以修眞了道爲目的、故曰玄門。此外則更有所謂堂門者、其人大都祖張道陵娶妻長子孫、一脉相傳、宗教卽本家敎、故曰堂門。此等道派蒲圻近日殊多、茲擇其最著者言之、

普濟堂　集福堂　惠慶堂　祖興堂

李家堂　范家堂　舒家堂　柳家堂

老聃道德五千、本哲學家言、其後至流爲燒丹煉汞、服食求仙、已與老之本旨有間矣。然猶不失爲自修也。若夫娶妻生子。名爲奉道實俗人耳。乃假醮禳之術。餬口四方。則歧而又歧何足道哉。

第四節　基督敎之信仰

西人傳敎吾蒲者、分新舊二派、舊敎流傳久、人數多、新敎設立日淺、似不如舊敎之發達、然寬以歲月、當不難並駕齊驅也、

天主堂　本堂設縣城倉嶺、洋式樓房、橫亘半街，十字架矗立、幾與金鸞山爭高。車

埠、新店、羊樓洞、茶菴嶺、馬坳嶺等處、並有分堂、堂內多附設初等小學、設備以城堂較爲完全、經濟獨立、不受時局影響、教民與地方人亦漸就融洽、爭訟日少、而教與教相仇殺、則以新店爲多、

福音堂　在南門正街、其地向有眞神堂、後廢、基址完全售與福音、今已修洋樓數棟、洞鎭蘇家堰設分堂一所、一線清流、滌淨塵囂、頗稱得地、神山、青石橋、近亦設堂、堂置教員一人、薪俸由西人給發、城堂學科分十門、頗稱美備、

聖公堂　在新店古臺寺南、駐堂僅有司事、而牧師則間一至焉、向常與天主堂相爭、屢釀重案、今則漸洽矣、

基督教流傳之由來　清光緒間、蒲圻始有基督教、其時信者尚少、自張南皮請丈屯田、而所委非人、貪婪粗暴、稍與齟齬、卽攖法網、鄉民無可奈何、皆爭入堂以求庇護、而教遂盛於西南。然以下等社會爲多。近年南北戰爭、潰兵北去、沿路寇抄、第七師繼至、復恣焚掠、商富之生命財產、寄天主堂者、並得保全、而安司鐸之功德、且騰頌士大夫之口矣。淵魚叢爵、誰之過歟。噫、

新舊教之異同　天主堂、舊教也、福音堂聖公會、新教也、舊教有四規十誡、限束最嚴、凡爲神父、不得娶妻、爲教友者、不許納妾、新教則規限稍寬、且政學兩界入會者多、故經費頗裕、會內孤貧皆有周濟、擅一長者必設法位置之、舊教雖亦慈善爲懷、似不能如此之周洽也、

第三十一章　禮俗

風尙因習慣而成、儀制隨方里而異、知此可與論蒲圻之禮俗矣、蒲民之衣食住、猶夫人也、然自鐵路四通、奇技淫巧、畢萃於都市、故近城鎭者習奢華、而山澤則尙樸素、風氣固判然兩截、至於婚喪時祭、蒲人動云遵文公家禮、究之彼此兩地相去不十餘里、已互有異同、又何論東西南北之各自爲鄉者哉、然節目雖異、大綱固不甚相遠、玆特志其概畧、備省覽焉、

（一）婚禮

早婚　蒲圻男女十四五六即合婚、未成年而婚嫁、殊不合禮、近雜報提倡遲婚、於人種生計兩問題、大有裨益、

聘儀　蒲民初生、父母卽爲定親、親定則互換庚牒、男家或取金玉貴重之品爲贈、名曰壓書。亦有以錢代者通人不取女家則報以刺綉等物、近更有新例、凡男家不顧纒足者、卽於庚帖註明、

童養　蒲民無力娶婦者、多抱養女嬰、以爲兒媳、或尙未有子、先抱養以待、故年齡多相懸隔、因此而致離異者、時有所聞、

親迎、登門迎娶、古禮也、淸咸同間蒲俗尙行之、今則廢矣、逆女多用彩輿、近有用花車者、而蒲圻無此也、

圓房　童養媳成婚、謂之圓房、向不開賀、今則紛紛張宴、花燭燕客、向惟送賀儀者、方下請帖。今則普通名帖、滿天飛散矣。

交拜　蒲俗交拜祖先、與西人交拜上帝、同一平等主義、

交杯　男女新入洞房、茶各一杯、交換飲之、卽古合巹遺意也、

因孝　臨喪嫁娶、謂之因孝、揆諸哀樂不同時之義、失禮甚矣、

搶婚　彼此爭妻、常有搶婚之事、野蠻至此、尤不合禮、

贅壻　蒲民贅壻、多再醮婦、俗謂招夫養子。以女贅人者殊少、謂之伴棺齋。

(二)喪禮

成服　父母歿、三日內、封殮成服、世族多延士紳行三奠禮、村農則多延僧道追薦、

開弔　訃告親朋、則各送輓聯祭幛、以志哀悼、喪家亦原情而授以帛、今議折送現金、或則改贈花圈。未知於禮何如也。

弔堂　喪與其易也寧戚、今富室鋪設弔堂、用布或數百匹、恣爲奇巧、則繁儀盛而眞情薄矣。此等風氣、以城峒爲盛、

出殯　或時期促迫、不及行禮、則暫殯宅右以待籌備、亦有因未獲吉地殯以有待然久於暴露、不如速葬之爲愈也、

堪輿　蒲民迷信風水、卜葬必延地師、業此者亦以輿地堪天自負、然能以弧三角算太陽到方與經緯度相應者不數覯也、

路祭　每當出殯、戚友多携牲醴、祭於道旁、祭畢、卽用以犒舁夫、而村氓或任意苛

索、殊非禮也、宜急加取締、

七七　舊俗此期間內不薙髮、今行之者少、惟每七日、猶燒紙上供、

追悼　蒲俗向無所謂追悼也、近新店楊紳燮卿因兵變遇害、其子商會長玉墀君鳴冤省縣、上峯特令開追悼會以慰之、

服制　古制三年、滿清時父服二十四月、毋更有餘孝三月、民國統改爲廿四月、然蒲邑鄉民、則仍用三年云。

(三)祭禮

蒲邑祠祭、約分數種、有祈年穀者、維世教者、崇德酬庸、及報本追遠者、祠廟至多、而皆可以公祠私祠統之、

先農壇　在河北龍翔山、後改馬鞍山、每歲仲春亥日致祭、

社稷壇　在豐樂門外、每歲春秋仲月、上戊日致祭、

城隍廟　在仙游坊、歷代禱雨有應、每歲以五月望日致祭、

文　廟　在城南、每歲以春秋仲月上丁日致祭、

武　廟　民國改延壽寺爲關岳廟、每歲以上戊日致祭、

名宦祠　祀歷任官吏有政績者、如唐鄭元璹、宋朱壽昌、明柯日新之類、惟宦公祠在盤石湖、因築堤有功、就其地祀之、

鄉賢祠　祀本縣宦績昭著、如宋費師古、明魏觀等、

忠孝祠　祀歷代忠臣孝子、以上皆公祠。其祭有一定日期。

私祠　各姓宗祠支祠、皆爲私祠、其祭之日期不一、規約亦異、（祭期吳姓春祭以二月初一、張姓秋祭以九月十五、洪山宋姓以冬至日、其餘春祭多以清明、秋祭多以霜降、取春露沾濡、秋霜怵惕之意。規約賀姓用帖、劉姓用票、饒宋等姓皆用簿。）

按前清祭祀時、士民皆禮冠禮服、極爲整肅、今則便服者多、無著民國制服者、章服不一、時局可知、亦世道之憂也、

（四）器用

農器　詳後農業門田器表

食器　蒲圻鄉農多用湖北湖南粗料盌盞、富家則悉用洋磁與贛磁、昔之象箸今

一變爲錫筋錫匙、

工作具　羊樓峒磚茶機器、新舊式皆備、詳商業磚茶製造表婦女紡織機皆舊式、惟從前貧民工廠及新店普濟工廠置有新式機數十具、

陳設具　昔日鏡屛今改時辰鐘及洋式花瓶、昔日三台棹、羅漢紗帽几、今亦改用寧波式、然惟城市商富則然、

文房具　省城舊有太極圖筆墨、學者向多購用、近多改用湖南筆、及自來水筆、日本紙輸入尤夥、荊泉紙廠方議改造、然尚未實行、

雨具　新堤木屐、平江傘、蒲民慣習、近則多用洋傘洋皮靴、

奩具　婦女向帶銀戒指、今則易銀爲金、游俠少年多效之、而紳學兩界、亦隨流波靡、則眞不可解矣。

舟　津逮則有渡船、商販則有蒲圻艑子、載客漢上者則有小大輪、汀泗神山新店俱通行、

車　土車有把手、有肩頭、以檀栗爲之、南鄉最多、主運茶箱、

轎　南鄉人好乘帷轎、各鄉亦有仿效者、然絡繹竹兜子爲多、婚嫁仍用四轎、此外則縣官間乘之、今亦改用藤轎。

玩具　昔日象棋葉戲、今一變爲雀牌爲撲克、城市尤風行、小兒遊嬉、城市喜放風筝、鄉里則多踢毽子、抽陀螺焉。

(五)衣服

常服　清光緒初、鄉民家家紡織、多服大布、中年以後、洋布價廉物美、而本地棉花日貴、紡織者無利、農民亦爭服洋布、機杼之聲幾絶矣。

禮服　鄉里嫁娶、向以嗶嘰羽毛爲尚、後漸尚織花羽綾、富室間用銀綢、至光緒末年、中人之家亦爭服銀綢、及海狐絨、民國成立、綢絨且不貴、而爭用細花摹本緞焉。

夏服　青絹小衣、竹布短衫、雖車夫田父、亦服之、家小康者、平居多服夏布、出門則官紗紡綢、不以爲侈矣。

冬服　蒲俗向惟年老人服裘、而輕裘者少、今則一般青年、均羔裘如鶩矣、甚至不屑服羊裘、而爭衣狐貉及灰貂焉。

制服　士紳服民國大禮服者極少、學生入校、亦鮮著制服、甚有脚不蒙襪者、人而無禮。君子懼焉。

襪　四民皆著、四季常著者士也、向惟用白色本機布、及竹布、今則洋紗機器襪、五光十色、盛行於時、然薄而易壞、價復奇昂、鄉民以其美觀、爭相購買、殆未從經濟上計算也。

風俗至此、奢華極矣、蓋自民國元二年來、茶價與麻價互漲。財力既裕。居民遂奢僭無等。今麻價雖尚存故步。而茶價之跌落已甚。鄉民無力更購絲布呢絨。乃自種棉紡布、以爲衣服、而風氣亦漸漸復古。惟巡警服裝。全城僅三十人。而劉前任之報銷。竟至千餘金之巨。使後人一如劉也。則糜款無已時矣。可勝慨哉。

（六）　飲食

飯　全縣皆食稻、有不足者、夏佐以豆麥、秋冬佐以藷芋、甘藷切成絲片曝乾藏之、尤耐久、可食至來年春間、

肉　蒲圻肉食以豚爲要品、平時多市諸屠門、歲底則家各宰豚、醃以鹽、薰以松柴、名爲臘肉、最香美、初嘗試者、或以爲有踰火腿、牛羊肉則回民終歲食焉、秋冬之間、漢人亦多食之、

茶　茶爲蒲圻土產出口大宗、亦日用所必需、然蒲俗尋常飲料、皆茗荈之類、其龍團雀舌、至貴重者、惟待客一設而已、

酒　蒲民多嗜汾酒、次則穀燒、麥燒、及高粱燒、又糯米釀酒、壓以燒刀、味極濃厚、愈陳久愈良、東鄉人釀以粳米、味薄不堪飲、

菸　蒲圻絲菸、向推新店萬昌、近則洞鎮益清、亦有名、然自紙煙輸入、一般闊少、多以食紙捲煙爲美觀、其爲害亦鴉片之續也、

筵席　古以魚肉聶而切之爲膾、蒲俗則更和以蛋粉、用籠蒸之、膩滑可口、號爲肉糕、無東西南北皆尙之、其盛設如大小酒、而平常者如城市之八盌、亦必有此一味焉、

（七）居住

野處　蒲民二三月間、多結棚野處、其在園林者、名爲守秋、又名爲守筍。在阡陌者、名爲守野猪。然均不及丁巳冬、潰兵駐兵、沿路寇掠、居民竄伏山谷、露宿者凡月餘、實從來未有之苦境也、東鄉山深林密、野彘多爲農殖患、山農常結伴看護、名爲守野猪。

茅舍　鄉民無力燒造磚瓦、多以土築墻、茅蓋屋、廖道南柳山湖詩、湖上人家住鏡台、茅屋參差煙水裏、讀此真別有風光。

瓦屋　蒲圻城鄉民居、多磚墻石壁、茅山張美耀、主以巨石六方、砌成堦基、異數也、此外臨水起樓、多以木板易磚石、

洋樓　城內天主福音堂、及沿鐵路新造棟宇、皆仿洋式建築、市鄉居民、亦多仿造、第得其形似、洋製皮毛、奚惟學術哉。

茶行　洞市茶庄、多高廳大廈、如揀廠篩廠、至能容千人及數百人、不等、光線充滿、最便作事、且煙囪林立、恍睹武漢氣象焉、

旅館　縣城最盛、亦最昂貴、各鎮雖有、皆不如在城者、以司法所在、其控候審人數多也、將來火車盛、鐵路棧房、當代興、

第二十二章　農業

第一節　水利堤防

植物皆藉水潤而滋長而五穀尤甚、蒲邑境內諸山、並多石出泉、（詳泉名水泉門）源遠流長、溉田無算、泉所不及者、則築塘蓄水以備之、而蕁塘、蓮花塘、黃沙塘、季婆塘、又其最著者、灌田常以千計、此外則累石爲堰、釃渠以放灌者有之、置桔槔於河干井畔、用車以汲灌者有之、總之思患預防、各盡其力、故旱災常少、而豐登者十之七八焉

水能澤物、利本無窮、而過則爲災、亦不可不防也、蒲邑西北、濱江錯湖、歲多水患、而沃壤悉變爲澤國、於是築堤之議起、如車埠之鴨兒湖堤、黃土之畢黃兩院、新店之任葛兩院、皆僅關係一方、而宣公堤則關係數團、長堤且關係數縣矣、歲有衝決、糜費尤巨、幾爲蒲圻一大漏巵、此有地方之責者所當留意也、

蒲圻河自崇通而下、春夏之交、積水泛溢、動輙經旬、爲山水害。自漢沔而上、川江漲入、由北而東、爲江水害。乃承天堤防。又以壅水爲害、

第二節　稻

（甲）　種稻之手續

蒲圻多山，而爲田長陰寒，又畏旱久雨，輒復過水，故麥少收，宜種三稻，早稻六月熟，遲稻七月熟，晚稻九月熟，皆以石灰糞之，使暖，早稻與遲稻同時播種，惟遲稻備歷炎暑，多養一月，倍結實，故收獨豐，種者十之八焉，然苟六月不雨，收亦歉也。

按遲稻即今南鄉人所謂矮脚早，東鄉人所謂新發粘，其收成雖較常穀爲豐，然最易吸收地肥，若連年種之，多不成收，須用周禮一易再易之法

播種　蒲民播穀在清明節前後，（諺云二月清明遲佈秧，三月清明早種秧）先將種選定，用草包裹，浸以水，俟苗芽種之田，秧田要肥，（不肥則秧黃瘦，最不發旺）秧種要稀。（濃毛秧亦不發達）然亦不可過稀，恐攏起稗來，總以疏密合度爲妙。

分秧　插田之法，一尺三叢。水量深淺務要適中，（深則秧脚沃歉，淺則恐晒秧脚）故秧初插畢，農人每早晚須到田間巡視，（俗名看水）無敢稍忽。

耘苗　蒲民耘田，隔日將水矮就，（臨時開放，恐肥料溢出）有草之田，先芟後耘，凡田都薅二次，前次將泥推盪，使根鬆易長。後則將泥附著苗根，以便吸收養分。且耐旱，秧田之苗尤須細心耘耨，將稗除盡，免來年混生秧內，耘後多畜水，以防久晴。

收穫　稻係單子葉植物、葉狹長、穗如馬尾、秋後成熟、如晴雨不時、則用木桶與篾摺、用法詳田器表就穫處打取其穗隨所得多少用籮盛貯負荷以歸此一法也、若天氣常晴、則早起刈穫、曝之俟露乾和藁秸收回、於禾場側積成大堆、待冬初田功畢、始築場打稻、此又一法也、

名稱　稻之名不一、就吾蒲所有者言、如桂陽、郎陽、陵江、西湖、此以地名者也。烏腳、紅殼、洗白、麻赤以色名者也。金環、鐵腳、蝦鬚、馬鬃、柳條、麻線、以性質者名也。然要不外粳糯二種、

（乙）糞種之材料

秦商鞅欲民務本先嚴棄灰之令、灰之有益農業尤矣、然有數種、彙志如左、

石灰　本草云、石灰燥濕殺蟲、消積聚結核、蓋其性辛散、地質粘重者施以此項肥料。則漸變爲輕鬆、收穫自倍、而低下之田尤宜、以能溫暖土性也。石灰產地詳後陶業門

柴灰土灰　取薪蒸以焚化者爲柴灰、雜草萊以燒成者爲土灰、初離火時、以糞窖之、收貯待用、柴灰力較土灰爲强、

荼蓼朽止、黍稷茂止、讀載芟之詩、而知草亦能糞田也。

苕籽　蒲民秋收一畢、卽作速治田、栽麥之種植尙緩、而此項獨先、愈早愈妙、田之肥磽、卽於其衰旺卜之、來春取以壅田、宜嫩不宜老。老則不肥。且燒禾根。生發不快。菜荚麥胎亦可肥田然人多不輕用之

湖草　春來萬物叢生、樹枝木葉、何一非培壅之料、然要不若湖草之茁壯而秀嫩、也採取既易、腐化亦速、信原肥之要素、故西北鄉一帶、多爭湖之訟、非爭水也，魚也、爭草而已。

稻草　猪窩牛圈、其糜爛不堪者、皆極好肥料、農家每取至田畔、積成大堆、將溲溺淋透、以便發酵、爛至極熟、然後散布隴畝、最能發苗、眞所謂朽腐神奇也、

按周禮糞種騂剛用牛赤騂用羊墳壤用麋渴澤用鹿鹹潟用貆勃壤用狐埴壚用豕彊檻用蕡輕爂用犬是相其土之所宜而施以肥料也自化學日精則更隨所植物產而爲肥料之預備如稻麥類吸收燐酸與窒素（淡氣）的力弱吸收加里的力強則燐酸與窒素兩種必須多用豆菽類利用空氣中游離窒素對於燐酸加里吸收力弱便宜多用燐酸加里兩肥分根菜類之吸收力與穀麥等燐酸窒素亦非厚施不可按物性需用多少定肥料配合方法生機自暢收量自增事半功倍有斷然者今吾蒲之農家不論何地何物概以糞糞之匪惟不知今幷不知古故用力雖勤

而所收較少是安得致育普及使新舊學日漸融化而農殖一途庶日有起色也

註釋　窒素人糞油粕之類專能發育莖葉　燐酸骨粉家禽糞也專能發育種實　加里草木灰也專能發育根稈

（丙）除蝗之方法

田之害蟲其名不一。如苞蟲、鑽心蟲浮塵子、皆害苗者也而要以蝗害爲最烈舊志載清道光乙未旱蝗、咸豐七年大旱飛蝗蔽天邑人受此巨創因設種種逐捕之法、如左、

初生蝗之捕法　蝗子初生色黑蠕動依草根團聚大如掌或如扇捕之之法編竹枝爲巨帚、隨在撲之或驅鴨食之。立盡其懸岩難捕者、夜以草薪燃火置其旁、皆爭投入無倖免者、

漸長蝗之捕法　蝗生七日、逐隊求食自北趨南且食且行，捕之之法相其地勢、與蝗之多寡或挖溝圍之或掘長溝堵之、溝寬一尺深二尺稍遠再掘巨坑皆以人守之蝗來稍緩則於溝北以巨帚驅之蝗大至如潮湧頃刻滿急驅入坑取土覆之再掘一坑以俟其來

能飛蝗之捕法　蝗生二十日、翼成能飛、其來蔽天捕之之法、伺晨露未乾、及日午或停或交、或向晚倦飛時，就撲之甚易、

避忌 蝗性最畏金鼓槍砲、聞其聲則不下、見旗幟亦不敢下、

傳染 捕得蝗、刺孔、點以痘漿、放令飛去、痘毒傳染、其種自滅、

掘種 蝗產子以尾鑽地、如蜂窩、久之迹漸泯、當伺其過後、急掘而焚之、蝗卵形如麥冬而小、一枚能成百子、

（丁）老農之占驗

古稱農人量晴課雨、望杏瞻蒲、則草木節氣、其關係必深、故語雖不典、而每多應驗、試條舉之、以補農書之缺、

有就草木以占凶豐者　蒲山有木名盧都、因春分始熟、俗亦呼牛春子、其實茂則早稻必蕃、又有物形如小鼈、上生一莖、如檣桅然、俗呼秧船。其船滿載、是年必大熟、

有就日期以卜豐歉者　正月晦日宜晴明、所謂正月三十日天晴、二月天氣雨不淫也、三月二十四日、俗傳係麥王生日、遇雨則麥必少收、所謂麥吃四季水。祗怕三月二十四日連夜雨也。五月二十五六、宜大晴、否則大雨、所謂熟不熟、但看五月二十五六、大晴大穀、大雨大粟。又六月朔晴、則收成好、陰則否、所謂六月初一陰、牛草

貴如金。六月初一晴。牛草白如銀也

有就節候晴雨以占水旱者　立春宜晴、立秋宜雨、清明宜明、穀雨宜雨、出九後不宜下雪、俗謂一場春雪一場雨又出九一場雨、一斗大麥一斗米。出九一場雪、一斗大麥一斗葉。出九一場霜、一斗大麥一斗糠。又南風送九、氣死荷花乾死藕。北風送九。船兒泊在後門口。

有執支干晴雨以占水旱者　四季不宜甲子雨。春甲子雨牛羊凍死夏甲子雨撐船入市秋甲子雨禾頭生耳冬甲子雨雪飛千里　四時不宜丙寅晴、春丙暘暘無水上秧夏丙暘暘晒破池塘　四序不宜已卯風、春已卯風梨園空夏風蚕娘空秋風禾頭空冬風江河空

有執支干以論前節候者　春社戊寅社、無水洗犁耙、秋社戊寅社、晴到臘月三十夜、　有執支干以論月建者　六月逢三寅新穀貴似陳。六月逢三子、禾從胎下死、夫舉已經驗之事、昭示來茲、使知先事預防。其用意固甚善也。

（戊）田器之種類

欲善其事、必先利器、工有然、農胡不然、古書如禾譜、茶經、及農桑輯要言農事甚悉、而

農器多不詳，茲就蒲民所習用者，列表以明之、

名稱	形式	應用	說明	備考
耒耜 易揉木爲耒剡木爲耜今統名曰犁	犁綠長而灣與犁尾犁底皆以木爲之惟底之前箍以鐵	犁用牛駕之用以耕田也	田要耕得深耕得密春耕水不宜深深恐耕花了苕籽菜麥遇不清爛的肥水天一下雨必隨水流去	
鍽鏤 物原叔均作耖耙齊民要術耙謂之鐵齒鍽鏤	耖耙爲立方形鐵齒十四踩耙爲平方形鐵齒十七有直曲二種	踩耗以足蹈之所以使土爛耖耙以手按之所以使泥平		
翻車 魏畧馬鈞作翻車即今之踩滾也	內心圓外面方有木齒數十著於滾心	既耕既耙之後繼以踩滾欲使土爛而化也	踩滾過後如塹田之草尚有浮在水面者恐爛的肥水走了須再加滾一次	
田鉋 摩田滕使平故名爲鉋	上有短柄中有直木著長方之薄板上板兩頭有孔以繫繩繩盡處有短圓橫木	用此器時一人在田滕側面以手按板一人在田滕上引其繩而行	田耕畢耙畢恐田滕不清漏水故用此器使田滕面泥平而土實以免洩漏泥水致哂犁撇	
鉏 漢書賈誼傳借父耰鉏	鉏以鐵爲之削木爲柄有歧頭者有廣刃者	歧頭者其齒甚長用以起土廣刃者用以開川封缺斬伐樹木	詩疏乃錢鎛注鎛鉏也此言鉏之最古者古之鉏則鐵鏵鹵斫鐇鑊異其名今之鉏則板鉏角鉏兜鉏鎒鉏殊其製	攷杜甫詩有長鑱三尺柄疑即今之角鉏鐇鑊事物紺珠以爲廣刃鉏即今之板鉏也兜鉏則刃窄鎒鉏則刃

耰　釋名齊魯謂四齒耙曰耰疑即今之耙疏　耙疏四齒以鐵爲之柄長四尺有大小之不同　大者所以鬆土使泡小者多爲收糞之用

銚　莊子銚鎒於是始修注削也集韵臿也　銚以鐵爲之削木爲柄中空作山字形北人用者則如鏟　銚所以畫泥爲起土修溝之用　詩序乃錢鎛注錢銚也田器又矮注錢即今之鍬所以起土韵會鍬遷遙切然則銚鍬不惟器同而音不亦同也

鏫　長彡短鏟其名不一　鏫以鐵爲之形如新月削小圓木以爲柄　短鏟用以刈禾詩所謂奄觀鏟刈也長彡用以打艸

桔槔　莊子天運篇桔槔者舍之則仰引之則俯即今水車也　以木爲之東坡詩翻翻連連銜尾鴉犖犖确确蛻骨蛇可以想其形狀矣　天旱用以吸水溉田長一二丈不等　沿河一帶有用筩車者取長三尺竹筩廿四個四面縛定爲大圓架安放流水處因水冲擊自轉較爲省力

連枷　餘冬叙錄打稻器吳人謂之連枷　方言打穀者關西謂之檣欇以木爲之或編竹爲之

碌碡　即今之石滾也　圓徑二三尺不等長二尺有奇兩頭各有耳　每秋稼登場用以碾禾　每石滾一具另有四方木架兩旁中間各有小圓木楔一以貫石之兩耳繫牛碾禾焉

方桶 古無有也姑從今名 口面平方而寬廣下微窄上以篾摺圍之中有刷子 秋收遇雨多用此器以納禾束鄉人不惜用此器連年秋雨穀多靡爛焉

籮筐 楊子方言陳魏楚宋之間謂之籮 以篾爲之上圓下方四面各細繩索維繫焉 容九六斗百穀可盛貯欲運送別處則挽其索負荷以行

畚 庶物異名疏畚昇土器即今之土兜也 以篾爲之狀如覆瓦惟後有增爲異耳 畚所以盛糞土草菜輸之於田園者也大小不一

(己) 農田之雜糧

晉蒲東南多山、西北多水、而田僅三分之一。故所產米粟。不足養給而補其缺者、首推諸芋、次豆麥、蕎及高粱又次之、

諸 分廣東安南兩種、祟通人或呼爲肥、而蒲人則呼爲茖、皆諸音之訛也、西南鄉人、每半年食米。半年食藷、惟分水坳一帶則幾全年食藷。比於珠崖云、

芋 有水旱二種、荆沙大田等團土厚水深、農民多植水芋、其餘山田居多、常種旱芋、旱芋短圓而小。水芋長圓而大。

豆　種類有黑白黄赤綠色之殊，但色雖別而種畧相近。惟蠶豆爲西域種。豌豆爲攀援莖。別爲一類，西南鄉人多種黑豆、北鄉池江地方，則盛產白豆、

麥　蒲圻湖澤多產麥、如馬蹄柳山河底洲一帶，每冬涸積淤，用以種麥，最易蕃殖，然湖麥產量雖豐，出麵多不如山麥。山麥皮薄，湖麥皮厚也。清康熙間南鄉萬壽庄祝姓麥雙歧異數也

蕎　荆沙荆港橋產最盛，蓋荆桃二泉，源源浸潤。故收穫常豐。

高粱　小柏山、神山等處多產之，有二種，粘者可作餌煎粥、

第三節　茶業

茶爲出口大宗、蒲邑四鄉皆產之，而種植較盛，獲利頗多者、厥惟南鄉、以其近羊樓峒茶市也。

產地　各鄉之茶、多種於土阜及平原地，而南鄉則崇山峻嶺、無不產之、金紫山松峯山、芙蓉坡一帶，出產尤勝、

栽培　茶之種植期，多在春初，越四載始可採、取但年需芟墾一二次，否則雜草其宅、而茶多不茂，其芟墾之最得力者，惟五六兩月，劉午儒茶山竹枝詞，曾有五月挖

金六月銀之句。

製造者、工業也、而茶之製造、則半屬農商、茲就農所製造者言之、

青茶　穀雨節前、摘取毛尖、製成白毫烏龍、是謂青茶、

紅茶　雨後採取嫩葉、曝以陽光、俟葉邊微帶紅色、或於木盆或木櫨上搓揉之、俾成線索、然後散布篾墊上晒令半乾、收貯深桶以衣被緊閉之、使色變純黑、而氣味芬新、是名紅茶、

黑茶　紅茶摘後、將隔年老葉、用刀割下、炒半熟而揉之、謂之底子、即綠茶之粗者、其精細者分三種、撒面二面元巓也、炒揉一如底子、更有蒸（用甑）捆（用小口袋）各手續、撒二面並二次、元巓一次、

第四節　麻業

種茶而外、農業之最要者、惟麻。蒲圻全縣皆產麻、以西南鄉爲最良、東鄉次之、北鄉又次之、

形象　麻莖中空、高六七尺、葉有長柄、頂抽窄葉五片，或七片、如掌之張、花小色綠、

無瓣、

栽培　蓺蔴者掘地爲坎、取尺許老蔴根、横埋土中、每坎四五株、隨時可蓺、而以春令爲最宜、最畏霜雪、冬季須取土厚壅之、春後苗生數寸、當細薅一次、刈後仍須再薅、

收穫時期　蔴易生之物也、歲可三刈、四五月刈者曰春蔴、六七月刈者曰月蔴、八九月間刈者曰寒蔴、蒲圻俗諺所謂頭蔴見秧、二蔴見糠、三蔴見霜也。蔴當成熟、根部即發生幼蔴、先用竹枝擊落蔴葉、然後就根際刈析之、

製造手續　既刈析後、運回家中、用水漂一食頃、取出以刀刮去外皮之粗老者、即成蔴縷、取所得蔴縷、於密室中烘以炭火、或就日中曝之、務令潔白乾爽、

效用　蔴可編網、製紙、織夏布、取其纖維、攙絲織中、獲利尤大、

第五節　蠶業

蒲圻城内有千桑園、沙田畈有桑葉會、研究種植嚴禁侵盜　視桑若是其重者、爲育蠶計也、蠶桑之利甚大、故培養之法、不得不詳、

擇地　桑宜於高燥疏鬆之土植於溼地則難成以長蒲圻多高砂地極宜植桑

播種　取壞土鋤碎、澆以薄肥然後下子、再澆清水用草覆之、是謂苗床、苗生後、將草除去、勤加澆灌遂成桑苗六七月後便可移栽、

壓條　桑之由種子發生者、葉少而瘠薄栽桑者常取佳種枝條繁殖之、攀屈其條壓入土中、使自生根而成新株、謂之壓條、

插條　桑樹在春夏秋皆可扦插春季尤宜選透光含潤之地耕熟土壤預施肥料後剪枝長約一尺穿穴插入緊蹈其根待發芽後留健芽一餘除去至秋成桑秧

接條　先截去原樹枝莖纖乃削接貼之兩旁微開小鋒深七八分以接條納入中(長約二三寸一端留二三芽一端削成箋針形啣口使含津液然後插入)納入後用稻緊紮之手段宜敏捷

選種　本年誰收成好、卽向誰訂取種子、(蒲民此法比蠶業學堂用顯微鏡察選尤爲簡要)

飼養　婦女晨起梳洗畢然後執業、或分盤或掃沙防鼠驅蚊、殺菌避風看護極爲認眞、給與桑葉必適如其量或遇天雨、葉帶水濕、必一一拭乾然後散給、

六十七

蒲圻鄉土志

繅絲　繭成次第摘下、置釜中煑數小時、取出尋正絲緒、用車抽之、蒲圻蠶業、西南不如東北、而南鄉復不如西鄉、以茶務有妨蠶事也、

第六節　棉業

蒲民向惟注重桑麻、多不種棉、間有種者、亦惟西鄉白駒一帶、近因布價日昂生計益艱始稍稍覺悟、講求種植之法、

擇地　棉性喜暖、植地必擇向陽、且係沙質者、先行淺耕、使土壤疏鬆再佈種仔施以薄肥過厚則枝條雖茂結實反少而小。

選種　美國長絨種最佳、（武昌二郎廟有部立棉業試驗場分給種子）急切未能遍及、所用多本省種、先將破損及不或熟者揀去、取圓滿堅實者藏之。

播殖　清明後、穀雨前、用水將種子浸一晝夜、然後用柴灰攪拌、散布地中、入土約深一寸、距離則七八寸及一尺不等、

剪除　棉地宜常除草、根旁土尤宜厚壅、使棉根入土深、自然耐旱、又苗長四五寸時、見正枝旁發出嫩芽、即切去之、以免分奪地力。妨害正枝之發達。沖天幹亦須剪

去、令四旁生枝、過五六寸時、仍切其頂、否則發身過高、反不結實。

收取　大桃包好綿絮、先收置一處、其桃未成熟及落地粘泥者、另置一器、日微晒、夜微露、花自光華、用機軋去其子。

第七節　林業

蒲圻舊俗惟於祖先邱墓所在地培植林木以壯觀瞻此外則或爲取材採薪及風水計間一蓄林然不知有所謂林業也近經官廳提倡頒發樹苗强令栽植紳民始漸知林業之重要矣

蒲圻森林昔多爲松林楓林栗林竹林今則多爲童稚之槐林楡林茲分述之

(一)松林楓林栗林　清光緒初閭閻富庶松楓等林木亦彌望鬱葱如洪山之松林楓嶺之楓林來山及五洪舖之栗林皆極有名自峒市製茶歲購松柴而松林爲之斲毀自清庚子樹介稺弱夭札戊午風災古木摧折而各處森林悉呈凋零之象矣加以鐵道枕木就地採辦奸民窮搜山谷利誘勢奪而檀栗槐櫧之合抱者靡孑遺焉雖陵廟隙地數百年蔡木亦不少顧惜讀孟子故國喬木之句曷勝于邑

（二）槐林榆林　近日省縣當道對於林業極力提倡城內外設有二苗圃三模範林第一苗圃地址在城內關岳廟左側面積約三畝餘植德種槐苗萬株第二苗圃地址在城內櫺星殿左側面積約十三畝餘種油桐湖桑等苗數千株第一模範林林址在城內疊秀山面積約六畝餘現植有洋槐三百五十株第二模範林林址在城西馬鞍山面積二十五畝植有洋槐黃金樹油桐榆梓桑椿等樹約三千株第三模範林林址在城外西洲面積七十二畝植有洋槐五千餘株此外復以官廳所頒及二圃所培之苗散給四鄉勸令栽植十年樹木當有發達之望也

（三）竹林　蒲圻北鄉向有竹山洞以產竹得名今則後來居上南鄉大小港及柘坪出產頗旺東鄉之荆沙石坑大貴等團種竹千畝者則所在皆是桃花坪盧東流港鄒其最著者也

第八節　漁業

蒲圻西北多湖澤。魚鼈之生、頗爲蕃滋、故以漁爲業者、實不乏人、

一　蒲河漁業　雷李鮑三姓世掌之、河有二十三潭、方石潭芭蕉潭落石潭木關潭龍迴潭倒流潭焦潭

王鄉潭石孔潭石牛潭鏡潭鷓鴣潭此屬上游者龍翔潭峨黃龍潭風潭鼓潭漳灣皂潭龍坑潭黃土潭接里潭此屬下游者潭多魚、舊志載石魚潭中有巨石。大魚常潛伏其下。皂潭爲水族窟宅。漁舟畢集。近訪之漁者、則云石魚潭雖間有大魚。而蕃殖不及落石潭。洋港皂潭魚多石突不便布網而漁業究推荷塘灘。

二　滄湖漁業　湖共四十一里朱姓十之一、餘悉歸宋、每冬令水涸、卽入湖取魚、花樓嘴、老鴉嘴、象鼻嘴魚最多、每一發網、可得魚數十船、向惟銷至崇通各處、漸乃運銷武漢、歲入以萬計、邇來似不如前、因滄湖出口卽黃蓋湖、土人近於湖口置簖。故魚多歸簖。而入湖者寥寥矣。

三　神山湖漁業　卽董塘池、產魚最富、蒲邑松柏、左荆、大野諸湖、水產雖豐鯉魚卻不多得、而此獨饒。鯿鰱有重八九斤、至十餘斤者、眞罕見也、尤雷鄭三大姓、傍湖而居、多事漁業、神山市有漁行十餘家、每家賣魚錢日以百千計、警察附捐千錢一文、年可得錢四百串、則買價爲四十萬。、噫盛矣、

四　池塘漁業　東南鄉距湖澤甚遠、多就池塘畜魚、備賓祭年關之需。但池近家

宅者、汙液雜下、魚味多帶泥氣、故養魚者必擇去村落稍遠、源流尙清之池、其池作斜坡形、由淺而深、深則魚有所藏。淺則水草叢生魚有所養。魚苗亦須選擇。按湖鄉人區魚爲三等、鯉鱖鯿鯽爲上魚、鱅鰲爲中魚、鰱鮎之屬爲下魚、下魚不甚愛惜、以到處買放中魚易長、鬻魚苗者已稍斬之、鯉魚則長極速、又多產卵、鬻者尤靳之。今縱不能多得上魚。亦須取法夫中。若貪便宜而取下流。則誤矣、

漁器亦最備、

蒲圻漁器　分罾網二種、網則有攔網、撒網、絲網之分、罾則有廠罾、趕罾、扳罾之異、其餘湖澤雜器、則有起箖、安卡、劃鏑、下罩、敲臼種種名目、總之魚以神山湖爲最蕃。

捕魚新法　用螺殼浸菜油內、隨時散布水面、魚類一見油光、即聚而爭食、以網捕之。所得必多、視用亀燈者頗爲省費、

製魚秘傳　蒲圻鮓魚最有名、相傳製者縣城僅一家、

第二十三章　工業

第一節　火紙之製造

鄉東產竹業紙者所在多有要以荆沙爲最荆沙則以荆泉爲稱首有紙廠三十餘歲入以百萬計不可謂非工業特出也。

原料 分老竹麻、新竹麻、新竹劈成篾片、約五十斤爲一捆、置灰壋中醃之、百日後節解如線、麻、故名竹麻、老竹則需半載、

熟料 將麻置水碾、或水碓中、搗成紛碎、名曰熟料、每百斤可出紙八十斤

製造 水碓一座、須設槽屋數棟、每棟以木板置甲乙丙三槽、

甲 置熟料百斤於槽、浸以水、融以足使料與水融、

乙 取融料轉入此槽、攪以清水料卽溶解水中、槽底鑿小孔、凡料中不潔之物、皆由孔隨水排出、留者卽爲潔料、

丙 潔料至此、須視其多少、酌施藥水、係山花葉楊桃根所煑粘液 以竹篦攪之、俟料與水化合、再以篾絲簾撈取、日可得紙二千簾

成紙 紙塊在案用機壓去其水、一一揭開、曝乾、施以裝磨、

按火紙除用爲紙煤外、僅供冥楮之需、近日火柴盛行、而迷信之心亦減、火紙之銷路

日滯、一般業紙者、皆急思改良矣。

第二節　草紙之製造

草紙分生熟二種、生紙用造鞭炮、不用火蒸、但多醃石灰、徹爛久則炸裂自易。熟紙較韌緻、故用以包貨物、蒲圻惟車埠貨物以荷葉裹之、其餘多需草紙、物雖微而用則廣、故特詳之、

灰醃　稻草千斤、紮成細把、用柴灰百五十斤、分下水池四角、四工人各執木杵、搗灰成漿、卽取稻把堆積水深處、循環踩踏、使層層落實、壓以石板、浸通脊、

火蒸　取灰醃稻草、置極大木甑中、火蒸一晝夜、隨蒸隨加、草盡氣勻、封甑止火、若造生紙、則無需此、

石碾　草料熟極、取置石碾中、分數次碾之、俾成粉末、

洗料　取碾過細料、傾入小坎、以足環糅、務令纖維溶解、隨用布袋盛貯、置水池中洗之、以灰漿淨盡爲度、

製造　灰漿洗盡、方入槽和藥、與造火紙同。紙之厚薄、則視料之粗細、日可得紙一

案、

打磨　紙滿案時、以機壓之、水氣乾後、將紙逐層揭起、曬日中燥卽收囘、摺疊成堆、夾以木板、鋸之磨之而紙成矣、

第三節　竹器之編製

竹可造紙、既如前述、然竹之種類不一、故工之製造亦因之有異、茲擇其最著者言之、

提籃　荆沙下園人每農隙輒手一刃、取大如箸之細竹、劈作篾絲、製爲長圓之提籃、其式大小不一、運銷江北、歲以十萬計、

笠　取苦竹葉勻鋪、用細薄篾片夾之、圓如蓋、晴雨皆可用、

簍　與上篛笠、並出荆沙斜塅、石葉塘等處、形式詳前田器門、

煙筩　蒲民喜吸水煙、其烟具多以竹爲之、水竹爲管、南竹之圓厚者爲筩、吸之味清而甘、視銅水煙袋爲勝、此等工藝、車埠鎭最有名、運銷甚遠、湘贛等省、亦多販買者、

茶箱　羊樓峒羊樓司之磚茶、皆以箱盛之、除洋商運漢製造外、山西商則完全在

本鎮包裝歲需茶箱甚巨，其收篾自製者固多，來自栢坪及大小港者，亦復不少，

篾盤　紅茶行起樣發揀需用甚夥，製造皆本洞篾行及峽山人、

篩　紅茶莊用最廣，有一二三四篩及粗雨、中雨、小雨、芽雨、復芽雨、鐵沙、生末、塵末等名目，製造者亦以峽山人爲多、

第四節　金器之鑄造

冶鑄之利、蒲圻尚未發達，其見諸事實者，惟鐵與鉛、

犁鐵　白石團吳姓，家世以鑄犁爲業，今尚爐有三座，每座用工人六，開火多在夜晚，夜可成犁二百枚，枚値錢二百文，分春秋兩季鑄造，現在炭僅半價，業此者並富有矣、上寺團蛟龍橋李漆二姓，各有數爐鼓鑄，漆姓業務尤盛、

鐵鋦　正字通，器兩頭交合，或轉角處，用鐵片錮之，皆曰鋦，南鄉瓦泥塘楊柳畈一帶人多以此爲業，行銷遍及湘贛、

薙刀　自滿清嚴禁蓄髮，剃刀始盛行於中國，今雖改用剪，而鄉曲整容者，仍多用剃刀，城內某鐵工，製此頗有名，

鐵製雜器　分行爐與坐爐、上寺人最多、螺絲畈一處、有爐三十餘部、近日以洋鐵製器者、尤風行城鎮皆有之、

鉛罐　紅茶箱內層以薄鉛皮裹之、名曰鉛罐、罐重四斤、丙辰鉛價大漲、減為三斤七兩、洞市彭松柏鄧永發實專其業、

金絲鏡　近日眼鏡、時髦喜用金邊、其餘多用鋼絲、鏡匣亦以薄鐵片為之、北鄉洪山案人、以此生活者頗多、

第五節　木藝之擅長

蒲民多習攻木、游藝四方、其最著者如主修黃鶴樓之但德敬、精思詣微、比於輸墨、近日木工、雖智巧不如德敬、業此者亦不少、

嫁奩　蒲民挾藝游荊沙及十迴橋者、以洪山峽山來山白石港口五圍人居多數、其人大都工製嫁奩、或傭工作坊、或自立牌號、致產數千金者、指不勝屈、

船舶　虎廠張家河、蒲民木藝於此者、多以造舟為業、

紅茶箱板　以楓木分板為之、工廠則鄢發章、萬春和為最著、

磚茶機器　其柱架及下壓機、皆以極大栗木爲之、模器多用楓木（如匣斗之類）每副四百、件料費約需千五六百金、

椅榻　西南鄉木工、外藝者多、製器尙精美、如虎爪炕、羅漢椅、均簇空玲瓏、外觀美而需價亦巨、中產之家多不能置備、惟北鄉方畬人所製一字几、極樸素、亦極堅牢、鄉戶多購用之、

靳鞍　西市買鞍韉、是製鞍者古有專家、北鄉人向多業此、自鐵路通、騎乘者少、業此者亦急思變計矣、

第六節　陶業之發達

蒲邑六水三山、田少民稠、窮檜生計、强半託於工藝、而陶業亦其一種也、彙紀如左、

灰窰

赤馬港　山石與他處不同、能久經霜淩。故取石者多於此、燒灰者亦多在此、港水春漲時、可通小船、運輸尤便利、

茗坤山　有灰窰十數座、業此者係游周熊三姓人、所燒之灰、鄉民多取以糞田、

惟山徑崎嶇、搬運者頗感困難、

北門岔　灰窰最盛、多運銷武漢、爲建築之用、省城外曾設灰行、學捐歲亦數百緡、惜禹觀山隄成、致滯銷路耳、

磚窰　其陶於本地者、以沿河一路爲多、其陶於他縣者、以沿江之窰頭溝爲盛、（有窰二百餘座）水路至便、行銷自易、陶工多東北鄉人、

炭窰　東南高山產杉及竹、更產櫧栗各雜木、其壅腫拳曲者、土人多以燒炭、東鄉則由金獅觀河運銷縣城及武漢、南鄉則以洞市爲銷塲、或由趙李橋鐵路輸送武漢、獲利亦大、但燒時放出白煙、含種種有用質料、不知收取、爲可惜耳、

第二十四章　商業

第一節　市鎮之盛衰

蒲圻鄉市、向分六鎮、石坑、汀泗、新店、車埠、泉口、黃龍是也、而羊樓峒無與焉。今則峒市商業駸駸焉駕各鎮上。試分別紀之、

羊樓峒　附近多產名茶、故茶市以此爲集中。其利賴吾蒲者、卽以學捐論、旺歲歲

入常萬餘金、近則受俄亂影響茶市不振想秩序漸復當有復興之望也

車埠　河運既便物產亦富如苧麻、棉花、布疋魚麥此爲銷塲、近年來疏市暢旺商務亦漸見發達矣

新店　向本以便水運、爲茶箱運漢所必由、故舟車雲集、而油鹽絲布之自外輸入者、運費輕於峒市售價較廉商務之盛、有自來矣、自鐵路與百貨用火車轉運、影響於新店者、實非淺鮮。

汀泗　其便河運與新店同、近更輔以鐵路、商務必大有進步、

石鐙　金獅觀　石鎭雖無甚特色、猶不失爲守舊、其沿河而下之金獅觀、紙篋石炭之運銷、尤覺後來居上、

黃龍　上近邑城、下迫車埠、而地方復無特產、足以招徠商販、故不能多所發展、而北鄉商塲不得不首推神山、

泉口　泉鎭之名、漸歸銷滅、則又等於自鄶以下矣、

第二節　錢幣之沿革

蒲邑向用縟錢、通例每串千文、俗稱十足錢。惟質庫糧櫃用之、其餘市鄉來往、有所謂九八錢者、有底錢二百用九六、餘皆九九者、數目之差異如此、而幣制之沿革、更分志如左、

制錢　通體制錢、每貫重六七斤、而銅價漲時、每斤能售錢四百文、故銷燬者多、而制錢日益少、私錢日益充斥、

小錢　有灰板沙殼等名目、統謂之小錢、昔用制錢時。每百錢中攙用小錢若干、或二八、或三七、或四六、或對開、用者苦之、

銅元起點　南皮督湖湘、深知錢法之弊、乃創鑄當十銅元以濟其變、每串祇錢百枚、銷毁者既無利、而私錢亦不便行使。各省及戶部多依樣鑄造。銅元之用幾遍天下、而貨輕物重之弊生。蒲民遂同受其影響焉。

銅元末流　蒲圻向例穀一石、約值千錢、近則平均需錢三千四五百文、肉一斤向僅值錢八九十文、今則常需三百五六十文、他如油鹽呢布、無不三倍其值、小民生計日艱矣。語云、一法立、百弊生、洵然

第三節　紙幣之興廢

蒲邑紙幣向分花票紅票惟錢庄及商號行之、花票以一串爲率、不限月日、紅票則有一定月日、而數目無定有多至百千緡者、市面流通、惟此兩種、無所謂官鈔也、

官票　張文襄督鄂、設立官錢局、而官票因以發生、亦以一貫爲率而五貫十貫間有之、准納錢漕關釐、與銅元相輔而行、信用頗著、

紙洋　文襄、又以銀幣缺乏、兼用紙洋、自一元二元至五元不等、辛亥改革軍需浩繁餉薪概發紙洋而無地兌現價格遂漸低落視現洋僅三之二商民苦之、恶用以納稅、而官亦苦之。於是蒲圻議會、有紙洋三成官票銅元七成之議焉。

小票　始文襄之鑄銅元、原以濟制錢之窮、至是而銅元之難得、一如制錢、蒲圻各商、乃行用小票、以一伯二伯文爲限、用資救濟、未幾而三家村店、亦相率效尤、濫恶特甚、其後官廳出示嚴禁、而此風始息、

按財廳之禁小票是也。乃並商富之串票而亦禁之、雖曰防弊、不無壟斷之私焉、自是而後、吾蒲各鎭、所行使者、盡官鈔矣。

第四節　銀幣之行情

我國元明之世始用銀、至滿清而用益廣、有元寶中錠小錁馬蹄龍洋等名稱、然名號雖歧、而某地某業、守向來之習慣、多以一種成色爲標準。茲就蒲圻所通用者言之、

茶商所用　峒市晉粵諸商、收買綠茶、皆用元銀、有不及一錠者、以票存記之、俟滿五十兩成數、然後付銀、

麻商所用　本地商人、以苧麻售洋商者、銀數或至巨萬、皆以兩計算、而不以圓計、故所用亦多屬元寶、其馬蹄龍洋等銀只作補不足之用

市平之差異　銀之重量、非平莫定、平之大小、地各不同、即以蒲圻論、邑城則九八二、車埠則九八五、羊樓司新店汀泗則皆九九二、惟洞市九九。此外尚有庫平、關平、漕平、估平、洋例、種種名色、而補水中水、日以多事、亦不便之甚矣、

行平之尅扣　老茶元銀平、向例每兩八錢三、除一分五釐色、爲八錢一分五用九四扣、實銀七錢六分六厘一毫、近各商遞減、元紋由七六六一、減至七六四三二一不等、甚有減至七六、並七六不足者、業戶固受實虧、各商亦大損名譽、乙卯歲臨紫等四縣園戶

曾暨報具控呈請省
議會發其種種奸弊

第五節　權度之歧異

(甲)　權衡

戥也、稱也、天平也、統名爲衡、平之差異、既如上述、而戥之爲用較狹、惟藥局平量藥物、煙窟稱量煙膏、常用之、現在煙禁森嚴、此類之用益少、固無可評論之價值也。而最足注意者莫如稱、

雜貨稱　舊例以十六兩爲斤、官鹽火油、其代表也、然雜貨之發行、或裹以紙張荷葉、有連皮計斤者、亦有除皮計斤者。有年關商務壇委而秤必認眞者、有四五六七等月生意冷淡、而秤反隨便者、商情變幻、眞不可思議哉。

魚行稱　行戶爲招徠主顧計、或以二十兩及二十四兩爲斤、門市鮮販、遠道跋涉、須少佔便宜、往往以大秤進、小秤出、

屠行稱　屠人貨肉、名爲十六兩、然持現與賒貨者、微有不同、

紅綠茶稱　峒市紅茶用夾稱、以三十二兩爲斤、綠茶則自七斤至八九十不等、

撤面七斤二面元巔八九斤底子十斤　然此特開秤時價碼方昂、故如斯辦理、迨價漸跌落、秤隨增大則一任持衡者之上下其手而已

絲蔴稱　通以十六兩爲斤、蔴市擁擠時間有用十八兩者　雖價之低昂無定而秤之大小、似較茶爲有憑也、

（乙）度量

計長短者謂之度、度以尺爲單位、以丈寸分厘爲補助　吾蒲之尺、則有所謂廣尺、裁尺、下機尺、算盤尺、種種不同、分述如左、

廣尺　卽海關尺、通商所用者、蒲圻各布號、一律用之、

裁尺　裁縫所用之尺、比廣尺長五分、

下機尺　蒲圻織工下機量布所用、比廣尺長一寸、

算盤尺　與廣尺相近、蒲民尺碼之爭執、多取決焉。叉木工所用則有五尺。篾工所用僅四尺、地方習慣、不必盡守營造規定。

計多寡者謂之量、量以升爲單位、而以斗石合勺爲補助、吾蒲則似以斛爲單位、以石

斗升合爲補助、故有行斛官斛之分、

官斛　前清完米時所用、自咸豐七年、巡撫胡廷翼奏改折銀、而花戶不復完米、固無所謂官斛也、

行斛　牙行買賣糧食所用、與官斛不相上下、雖市井奸商間有以意爲輕重、而營署時與察驗、亦有所憚而不敢行、

蒲圻鄉閭、風氣各別、甲地與乙地、斛斗雖不無差異、然亦升與合之間耳、以視崇通之十斗一石、八斗亦一石者、則迥大不同矣、

第六節　典商之興廢

清咸豐以前、蒲圻原有向賀章李陳五典、自廣西兵起、城鄉迭被焚掠、五典同時歇業、同治以還、粵捻悉平、各典遂次第興復、

典商最盛時代　光緒初、新店有春茂、恆升兩典、車埠有恒昌典、典息三分、利頗厚、春茂旋設分典於縣城、峒鎮遠大（後改大同）、同福亦相繼設立、同福旋停、而城內富商復組設同豐、合神山保和、汀泗同福、共八典、是爲最繁時代、

典商衰落時代　宣統己酉，省議員黃文潤，提議請減典息，贊成者多數，議決實行、典商則以自海防籤捐紛紛攤派、負擔頗重，今又減三爲二，利息益微，加以辛亥首義，擾亂數月，各典多受影響。而學捐之爭執，復搆訟連年。八典遂先後停歇。

公益典之始末　自各典歇業、所存公欵、陸續呈繳公署、知事姚汝嬰倡設銀行，衆多反對，其時葉紳寶森長勸學，邀集邑紳議設公益典，衆贊成，皖人張玉田，以三千金作保證，爲內經理，邑人汪叙爲外經理，行之數年，頗無弊，旋因丁巳冬，第七師入城焚劫，玉田捲逃，匪人乘亂擾竊，數萬公款，遂化烏有。

第七節　牙行之設置

以行爲業者，謂之牙人，牙人必領牙帖，領帖營業，須指定地段貨物，蒲圻物產殷富，商販雲集，需用經紀人頗多，而牙行以興、

麻行　蒲圻六鎮多有之，以西鄉爲最盛、

花行　江北一帶棉花，以車埠爲銷塲，花行多萃於此、

茶行　車行　船行　羊樓洞、羊樓司，並有茶行，茶箱陸運用車，故峒有車行，水運

始張家嘴、至新店過載、故該二處有船行、

紙行　荆泉金獅觀、皆有之、東鄉火紙、並以此爲總滙、

米行　通城米銷嶠市、湖南米銷新店、米行之盛、惟此兩處、

魚行　神山、洪山、車埠、新店、附近多湖澤、皆有魚行、

山貨水菓行　猪行　牛馬行　各鄉市多有之、

牙行之利弊　牙行利在分取用錢、盡人所知、其朋充頂替、則行商迺弊、而弊之甚者、莫如茶業、晋粵諸商、毎歲入山辦茶、雖各有行戶、然皆自行品論價格、經理收支、從無經紀人之設置、而行戶徒擁虛名、自被此名、而茶商之大秤短平、及苛待男女勞動者、與一切悖於良善風俗之行爲、皆藉茶牙行名義以行之矣。

第八節　茶廠之採辦

甲　嶠商之紅茶

洞市紅茶、穀雨節前、始開秤收買、新買之茶、名爲毛茶、用炭火焙過、然後開篩、篩分十路、四廠手續最複雜、茲就其大畧言之、

毛茶廠　頓毛茶用粗雨篩篩面謂之頂頭、篩底分上中下三種、

上身一二茶用三四篩取扇車發揀歸青茶廠做篩扇抄復火上堆

中身三四茶用粗雨中雨取發抄歸青茶廠復火上堆

下身則小雨牙雨鐵沙生末篩面之茶也統歸青茶廠車扇上堆

青茶廠　以上三茶均歸本廠、其手續尙簡、最繁者惟元身茶、

元身一二茶用牙雨篩頓頭用小雨篩抓入撈篩碼用二三篩取頂頭頂頭均用足踩

四篩茶仍用牙雨頓用粗雨中雨取一二茶扇抄復火上堆

其小雨牙雨鐵沙生末篩面之茶但復車上堆不復火

抓尾廠　毛茶頂頭、置深篋、用足踩過、卽毛茶抓尾、用中雨篩抓。

抓尾茶用中雨取一頭扇抄上堆其小雨牙雨鐵砂生末篩面之茶均復斗上堆

珠子茶即中雨篩面者揀凈過推再用中雨小雨粗雨分篩即珠子一二三四茶扇抄上堆

花香廠　青茶車出子口、亦分上身下身、

上身茶用篩九把照原路做去惟一二三茶扇抄復火上堆餘均車扇上堆

下身搭篩篩面之茶用布袋搭搭出用小雨分篩篩底簸凈上堆其黄片則再篩再搭

穀雨茶　一二茶揀出頂頭、復火、用足踩碎、車扇、發揀、上堆、

茶至此製造畢矣、則有和堆、裝箱、完釐、車運、舟運、至漢售賣等事、但近年漢市紅茶幾

一蹶不振。惟在我商界思所以挽回之。

乙　峒商之磚茶

洞市茶磚、爲吾蒲商業特色、其製造之方法、運銷之塲所、產額之多寡、稅則之重輕、本息之厚薄、內容極爲繁複、鮮有能道其詳者、茲蒞報載有雷大同君磚茶表、最明備、附錄於此、

資本	地點	名稱	手續	器具	說明
俄商銀六百萬兩以上英商銀四百萬兩以上華商銀三百萬兩以上	正貨出羊樓洞次貨出羊樓司柏墩下貨出聶市卽在以上四地製造洋商製磚地在漢口附說本國惟上開四地出產茶磚磚面皆印有洞庄二字故蒙俄人只知有羊樓洞不知其他之三市也	三六磚　四五　二七　三九　二四　六四	一購集茶葉　二發酵　三篩　四揀　五裁斷　六風扇　七秤　八蒸　九裝入模器施壓力以固其體質一時半　十及十一包裹及裝箱	秤　筐　盤　模器　爐三　蒸汽鍋六水箱五　木質下壓器或蒸汽下壓機	製粉紅茶磚宜用汽機施頑強壓力若磚茶則考察銷塲習慣不合用最強壓力使茶葉粘結不開故仍以木機製作爲適當且木機全副約值銀六千兩較汽機爲易辦

重量	產稅額	運道	銷場	利息	說明
三六磚　每箱重九十二	茶磚歲約三	自峒八里至粵漢	張家口	至低約四分	洋商資本係查照
斤四兩片重二斤九兩	十五萬箱以	鐵路之趙李橋站	齊齊哈爾	至高約一倍	歐戰前海關册約
四五　每箱重百一十五	上洋商運漢	運武昌渡江由京	錦州	以上	計華商資本自五
斤五兩片重三斤九兩	製造者歲約	漢京張京綏鐵道	豐鎮	附説	六萬至二三十萬
二七　每箱重九十四斤	一萬三千噸	聯運可直達豐鎮	歸化	茶磚在庫倫	金不等比年票庄
半片重三斤半		摩托車或輓運自	綏遠	市面可當錢	閉歇金融恐慌益
三九　每箱重百三十六	每百斤正稅	豐鎮至庫倫由庫	庫倫	幣交易貨物	以羌帖低落損失
斤半片重三斤半	庫平銀一錢	運銷俄屬西伯利	恰克圖	如在口外換	不貲尤難爲繼宜
二四　每箱重百三十二	五分產稅八	亞一帶電報郵政	西伯利亞	馬匹及皮毛	照公司條例設大
斤片重五斤半	分四厘附加	皆通		其利尤厚	茶業公司另辦茶
六四　每箱重六十四斤	二成				業銀行茶利或不
片重一斤					至盡爲外人所奪

按此表窮源竟委，洞見癥結，使吾蒲人士，皆如此留心商務，則逐漸推廣，當不至使日英後起之茶業，長奪我歐美之市場也。

丙　茶商之統計

羊樓洞爲我國著名茶市之一，茶葉產附近臨崇等縣，而以洞產爲最優，試稽其全盛

時代之產額及納稅用人之數目、備著如左、

青茶　每歲產額爲十九萬餘斤、近年更有不同、

紅茶　歲約五百二十餘萬斤、自丙辰大折本後、數銳減、

粉紅茶　每歲約一百一十餘萬斤、

磚茶　西商購製、爲一千七百餘萬斤、

黑茶生貨　洋商運漢者、爲二千六百餘萬斤、

釐稅　銀九十八萬餘兩、　學捐　錢一萬餘串、（近減至三千串）

人數　絕對的、相對的、與附屬的商行爲及勞動者、凡五十一萬餘人、（據日本正川正一調查表）

洞市茶業、近言之爲鄉民生活之資藉。遠言之爲對外貿易之要品。其關係不可謂不重大。乃自歐戰發生、運道阻塞、銷數漸少、然紅茶一項、自西伯利亞輸入俄國、尙二千八百萬磅、茶磚之輸俄本部者、爲數亦巨、近俄內亂、而七年分輸入俄國之華茶、頓減至三百萬磅、全國如此、而洞鎭茶業之衰落、又何足異焉。

丁　麻商之統計

蒲圻麻商、分間接直接兩種、每歲麻捆所售之値、與所完稅捐、爲數頗巨、並志如左、

間接買賣　廣商來蒲採辦者、擇殷實可靠之牙行、令其代爲購買、買畢、按照定規酬以用錢若干、所謂間接賣買也、

直接買賣　本地商富、隔年將錢發放各園戶、令至期以麻抵償、此即二月賣新絲、五月糶新穀之類也、所買之麻、視尋常價尤廉、有不足者、或榜門收買、或雇人下鄉採買、俟集成百千捆數、運漢銷售、所謂行棧而兼直接買賣也。

重量　向例麻以十六兩爲斤、六十斤爲捆、百二十斤爲一石。

稅捐　每捆完關厘三百餘文、完附加捐百四十文、

總額　去歲三麻、亦每石十七兩、據收捐人馬雲卿包定六萬三千一百捆計算、爲買價銀五十三萬六千三百五十兩、厘金一萬八千九百數十串、附捐八千八伯三十四串文、

按此據麻價最旺時期言之、以後雖有出入、當不甚相遠、聞今歲附捐、亦包定八千串、

可以見矣、紅黑茶外、此項商業、實推獨步、

第二十五章　交通

第一節　輪船

蒲圻河道雖遠、然水淺地狹、惟民船之小者、可以運載貨物、往來武漢荆沙各處、而輪船不能行駛也、其通輪者惟新店汀泗神山三道、志如左、

新店河　十里馬蹄湖、十五里黃蓋湖、三十里烏口出江、水道較深、本地艑子、多爲運載蔴捆之用、其輪送茶箱者、類皆外來之小駿鴉艄、及滿江紅等船、然載重行緩、且時虞不測、洋商如阜昌、新泰、順豐各家、皆製有飛鴻飛電等小輪、以爲拖運之用、本地紳商則自組普濟公司、置備小輪二艘、裝載客商、往來武漢、近則停廢矣、

汀泗河　五里太平港、十里烏石嘴、三十里進寶嘴、一百五里出金口入江、水道頗深、向有公利翔鷗等輪船、往來運送行客、自鐵路成、生意雖減、而此輪仍未停、

神山湖　十五里西良湖、十五里進寶嘴、出江路與汀泗同、水道深闊、邑人王均平

曾製有神電小舟輪往來武漢裝載客商行旅便之、

第二節　鐵路

自廣東番禺起經湖南達湖北之武昌爲粵漢鐵路長二千三百七十九里現在武長路線已經通車其在蒲境者凡百四十里有車棧六如左、

汀泗橋　爲蒲圻北路入界首棧有長石路出石鐙至洪下通崇陽崇通等縣搭車者多由此上下、

官塘驛　自汀泗橋至此二十里

中火舖　自官塘驛至此二十里、

蒲圻縣　自中火舖至此二十五里有路四達南自雙路口出大石橋通荊沙大田、西自白墅橋出茅山通車埠斗門等團又西由馬鞍山出望山通黃龍白駒等團蒲人於此搭車甚衆、

茶菴嶺　自縣城至此三十里有路出花亭橋通新店該鎭搭客多于此上下現在地方人正議修築馬路以便行旅、

趙李橋　自茶菴嶺至此三十里、距羊樓洞僅八里、現修有支路、貨物多由此起卸轉運、搭客亦夥、

羊樓司　自趙李橋至此十五里、由此入湖南界、爲南路尾棧、

第三節　郵電

近來交通發達、郵電實爲要政、况吾蒲地處湘鄂之交、兵事商務、日以繁興、郵電視他縣爲重、故並志之、

電政

縣城　電報局原設於縣署之西偏、近則改設南門正街、

洞鎮　電報局設於北山山麓饒姓私宅、

湘鄂幹線　自武昌至蒲圻分二支、一至嘉魚、一至羊樓洞、直達長岳之綫、由港口團之陳家舖分支、

鐵路分線　局所附設沿路車棧、

郵政

蒲圻縣　地處衝繁、故設二等郵局、

羊樓洞　商務最盛、郵件比於大縣、亦設二等郵局、

民國七年、郵部爲交通便利起見、各鄉市俱設有郵務代辦所、

蒲圻共十一處　洪下　石坑　汀泗橋　中火鋪　茶菴嶺　趙李橋　羊樓司

宋家河　新店　車埠　神山

按郵政開始、由稅務司兼管、至今全國郵權、尚寄客卿之手、內地亦所徧及、我國人士但任中級之郵員、下級之郵差、如代辦所是矣。

第二十六章　自治

民國紀元、蒲圻設自治會、在豐秀山東、清學宮舊址也、明倫堂地勢軒闊、改作議場、適合、東齋房間多、議事會居之、西齋屋宇少而局面整齊、參事會居之、參事常川駐所、議事則分常會、（年限一月事煩得展限十日）臨時會。（無定期）其組織如左、

議事會之組織：
- 正副議長各一名月支公費各十六串
- 議員共二十名月支公費各十串

參事會之組織｛參事四人月支公費各十六串
　　　　　　　財政委員四人（由參事選派二人 由知事委派二人） 公費同參事

經費　月需錢四百餘串、此就常年開會言統議參在內 年需錢二千八百串、以麻契兩捐爲的款

薪俸本極微薄。同人或請增加。衔綿力持不可。恐增人民負擔。貽清議之責難也。其時風氣初開。尚無金錢運動勢力指派惡習。

成績

一裁革差役

二力拒劵捐

三嚴禁浮收　設錢漕監算處北鄉某完粮櫃胥浮收二百文、其人報告自治會由會具函質問、姚知事隨如數補還、並革該胥。

四清釐浮濫　法廳書記與推檢相惡將賬呈自治核算、浮濫近千串、自治代爲呈報審計處、處長朱樹烈卽調賬核辦、

五保存公產　延壽寺公基、爲私人𣁽換、自治會以公函爭回、

城鄉自治會　詳前區劃

自有議會、官廳爲所監督、尚無越軌行爲、惜不久廢、而官權遂重。廢工廠、復差役、加券捐。迹其所爲、無一非病民者、而士紳概不過問、以無言責也。吁、自治不復、則民權不伸。閭閻安得不困。

第二十七章　社會事業

地方公益、爲一二人所不能舉、則集羣策羣力以成之、是爲社會事業。蒲圻自明清以來、此等義舉已極發達、今尚有聞風興起、賡續行之者、彙紀如左。

育嬰堂　在豐樂門內、收養遺棄嬰孩、可救貧民溺女之弊。洞市廟廠亦設有堂、因一文茶捐無着、暫停。

普濟堂　在治南雙路口、舊義倉地、賑恤孤貧無依者。

崇善堂　積善堂　遷善堂　樂善堂　皆在城內、大都以施醫藥、置義棺、消防火患、印送善書爲主義。

浮橋　在北門河、設有公渡、以便行旅、舊有存欵、預備補修。

官山　施義士掩露胔凡十一處以南門外地最大塚最多、

常平倉　母倉在城內倉嶺四鄉各有子倉係廖令鴻賓所創辦以救濟青黃不接、初年存穀將萬石、今並侵蝕殆盡。

慈善會　就北門武廟舊址創立醫院置備水龍係潘旅長芸青前駐防蒲圻時所倡辦捐欵以陳紳錦齋爲最現移延壽寺惜以費絀遽爾中止。

藉報　詳後社會教育　公益典　見前典商興廢

市鄉慈善事業如新店難民會、車埠育嬰堂、峒鎮回春公所、楓樹嶺義棺會之類煩瑣不備載、按社會公益本人人所樂贊成然既成之後往往有名無實有初鮮終、黃金虛牝豈不可惜所願司其事者毅力貞心維持一切。俾如浮橋普濟蒼生。不似積穀漸歸烏有則得矣。

第二十八章　行政官制

清時縣行政制庶政總攬於知縣縣之下有丞、尉、巡檢、教官、及城守營等民國初年廢丞、置書記官司法獨立知事僅管行政、未幾書記官廢法廳亦裁民刑統歸知事洞鎮向設巡檢今改爲縣佐尉及城守則改爲警察教官改視學此其大較也、

縣公署職員

知事總攬民政兼攝司法

蒲圻屬中縣、知事月俸二百六十元、

椽屬　分三科、內務、財政、教育和實業另設技士一人月支共計八百元

收發處　縣署庶政、此爲咽喉、有承上啟下之權、一名承啟官、

財政委員　湖北單行法。爲全縣財政監督以候補知事爲之月薪百元、每收款盈千、即日報解、蒲圻前後任委員者、以俞耀坤爲最久。其苛罰小票。勒索糧櫃。歲入實較原薪倍增云。

徵收機關　分三處、城廂、汀泗、新店、城櫃兼收屯糧、餘均民糧、

附論政績　自丙寅修志後循吏惟顯際熙張集慶等數人餘均無足紀張顧二公事蹟己散見本志中不再贅但紀自民國以來者

董欽墀　民國元年春涖蒲、一新庶政、禁人民見官稱大老爺、行拜跪禮、興自治設宣講、革差役、旋爲寒家磯堤事去職、

姚汝嬰　首嚴烟禁、各鎮更棚多蓄盜、爲民害、姚一切取銷、實行警察。設小學教員

研究所謀教育普及。

李伯莊　初涖任、即值南北戰爭、支應兵差、不費蒲圻一錢。集禁烟罰欵約八九千金、創貧民工廠。尤政績之犖犖者。

章之浚　勤於聆斷、每一紙呈遞。即當堂批判。有案無留牘風。

董姚李章四先生。皆不久於任、故所設施祇此耳、其稍久者、如祝撰堂前後　凡三年、劉世璥新舊兩載、所作所爲、咀人類多切齒、姑從缺焉。至於陳志瑔之棄城逃走、則更不足論矣、

第一節　財務行政

歲入門

田賦

- 一　地丁　二萬三千七百四十七兩四錢六分四厘每兩折錢三串共扣錢七萬一千二百四十二吊
- 二　漕米　八千七百四十九石六斗七升五合九勺石折錢六吊文共征錢五萬二千四百九十八吊零五十五文
- 三　屯餉　九百二十九石四斗二升九合二勺石折錢三千二百文共征錢二千九百七十四吊一百七十文
- 四　租課　五百二十九兩五錢七分每兩折錢二吊八百文共征錢一千四百八十二吊八百零四文
- 五　丁漕附稅　地丁附稅共征錢一萬四千二百四十八吊四百七十文漕米無附稅
- 六　學捐　正六百末六百共征錢一萬九千四百九十八串一百八十四文五五學捐在內
- 七　券票捐　造券十四萬張張七十文應征錢九千八百吊每年征者只四成上下

貨物稅捐

- 一　過境銷塲稅　共征錢六千吊文
- 二　茶稅　歲約八九十萬
- 三　麻捐　約征錢一百七十吊
- 四　炭山煤稅
- 五　煙酒糖稅　實收約四千九百餘吊
- 六　竹木火紙稅　約八百吊
- 七　米捐　年約八十吊
- 八　火車貨捐
- 九　貨物附捐

正雜稅捐

- 一　契稅　年約一萬吊
- 二　牙稅　年約一千七百元
- 三　屠稅　年約四千元
- 四　印花稅　年額六千四百元實收約八百元
- 五　特別營業
- 六　煙酒牌照稅　年約二千二百元實收約一千三百吊
- 七　牙帖捐
- 八　稅票捐　年約二百吊文
- 九　夫役捐
- 十　舖房捐　歸警察收入類

雜收入
- 一契紙稅年約九百元
- 二市串歲約二千串
- 三公股息金
- 四公屋租金百四十四元
- 五禁煙罰欵無定
- 六教育收入年約二萬二千六百吊吾捐在內
- 六警捐收入年約一萬六千串
- 八公基收入五岳觀每月二十元

按煙酒糖與牌照捐、據公署所開列、歲入不過三百餘元、即以六鎭收入論、當不止此。況四十四團、若果公署所得、只此戔戔。則征收員之中飽、可勝言哉。然此猶國家稅也。地方稅如警察教育自治各收入、多至數萬金。洵巨欵矣。正宜援皖鄂章程、設立地方財政保管處。以杜官紳之侵挪。而圖事後之補救。乃竟無人提及。亦以阻力多而中止。惜哉。

歲出門

內務費
- 縣署一萬一千八百〇八串文
- 警備無
- 縣佐公署一千四百四十串文
- 警察署七千二百串文
- 商埠警察

- 堤工一萬串向存道庫民國起義庫款無存四年由道發還三千串被祝令挪用歲修由知事臨時籌撥
- 典禮春秋丁戊兩祭二百串文
- 自治二千八百串之譜
- 公渡千六百串存利記月息一分五八年橋夫八名薪工過少過渡人各取錢十文已呈縣核准
- 育嬰

財政費 ｛徵收各局 收捐各人員 催征吏 財務科｝ 年共四千八百四十八串文

司法費 ｛知事 承審 監獄 法警｝ 三千一百六十八串文 承審法警在內 一千八百一十八串文

按財政費四千八百串。固統征收員催征吏俸給在內也。乃有謂若輩實無薪食。吁辦公而無俸。不知其能枵腹從公耶。抑仍直接間接而取之吾民也。

第二節　教育行政

教育行政、總攬於縣知事、自科舉廢、三高等小學相繼成立後、程令恩培則設有師範傳習所、挑選各高小之年長者入焉。春風一度。桃李含芳。是爲蒲圻教育萌芽時代。民國初元、三高等仍舊開辦、而縣自治會與董令欽墀會商更開中學、姚令汝嬰、尤熱心教育、復廣招師範生而躬親訓迪之、並商自治會擬各團開一初等小學、擴十七堂爲四十四堂、是爲教育漸盛時代、未幾南北戰爭起、姚公去職、事定後、袁項城陰謀專制、於教育取滅政主義。祇令撰望乘之、廢初等十七堂爲七半堂。是爲教育衰落時代。自是以後、無有能復之者。今五五學捐發還蒲圻一般人士、擬以此款專辦國民小學、謀教育普及此實根本問題也。

勸學所爲全縣教育總匯、乃往往有名無實。一事不辦。所長相見。惟稱經濟困難。而未聞其所勸導者安在。使有一二士紳犧牲個人權利之見。悉心籌畫。竭力倡導改良私塾。俾成私校調查學童。按年入學欲追蹤南通非難事也

教育經費預算表十年度

經常支出門

名目	月計	年計	名目	月計	年計
勸學所	一百七十一串	二千零五十二串	中校附小	四百八十八串	五千八百五十六串
視學員	四十串	四百八十串	南路高小	一百九十八串	二千三百七十六串
國民校	二百八十二串八百	三千三百九十四串	北路高小	一百九十八串	二千三百七十六串
女子校	六十九串	八百二十八串	新溪高小	一百二十串	一千四百四十串
講演所	一百二十串	一千四百四十串	茶指經收	二十一串	二百五十二串

教育會	一十串	一百二十串	猪舖經收	四十串	四百八十串
			賓興錢粮		三百二十串

總計支出二萬四千六百串文

收入預算表

款別	總數
粮捐	一萬三千串
茶捐	三千五百串
廠捐	三千四百串
猪舖捐	三千串
賓興田	一千四百串
中代捐	三百串
學費	一千串

總計收入二萬四千六百串文

臨時支出門

名目	結數		
丁戊兩祭	二百串	文廟修整	一百五十串
各種公報	一百三十串	女校手工	六十串
查學夫馬	一百四十串	收租費	八十串
旅行畢業	二百串	預備費	六百六十三串
添置修整	五百串		九百五十六
小學開辦	三百串		
學社修整	一百串		
捐票印刷	三十串		
借款子金	一百二十串		

按蒲圻教育經費。以粮捐茶捐爲大宗。（茶捐旺時年約萬金）自茶捐銳減。賓興子息及灰捐典捐。又先後停歇。各校遂有岌岌不可終日之勢。所長黃煜林接事以來。即核減中學購

置費及國語講習所預備費一千數百串。誠迫不得已也。今地方兵事未息，茶捐銳減，年列預算，多不可恃，又安望後此之有濟哉。然其大綱不外如此，特附錄之，使後有所稽，攷爲振興教育之基本焉。

(二) 普通教育

中學一校 分兩班，係就高等小學改設，地在北門舊朝陽書院遺址。

高等小學三校

城校 學額一百名，附屬於中學校內。

峒校 在峒市西得勝山下，係文昌閣舊址，學額六十名。

埠校 在埠頭附近，但紳象儕經手新造，學額六十名。

國民學校

城廂 考棚 仝武廟 仝延壽寺半 積善堂半

東鄉 占嵛 仝汀泗 仝石坑渡半 金獅觀半

南鄉 瀚廠 仝楓樹嶺 仝新店 仝港口站 仝左白畈半

西鄉　車埠仝白駒仝白蒓仝

北鄉　舒氏別墅仝李家港仝北門砦仝

女學　城內　羊樓洞　新店

私立高初兩校

民國三年祝筠山藉口費絀、廢初等十七校、惟城鎮各存半校、五年邑人王康等乃提倡私立、不仰給官費、而隆隆鼎鼎之高初兩等學校、遂出現於新溪。

蒲圻學校之興廢　清季士夫、厭呫括空疏、羣焉趨重科學、羊樓洞風氣早開、經費亦裕、光緒甲辰、即於文昌閣創立高等小學、廟廠設一初等、翌年城內高初兩等亦逐漸設置、並擬各鎮設一高小、齋舍既建、旋因經費不敷、僅開埠頭一校、共高等三校、初等十七校、女子小學三校、民國紀元、公議更開中學、邑人興學之意方興未艾、乃祝令蒞蒲、即主破壞、首廢初等十七校、而城鎮所存者亦僅矣、新溪熱心學務之士、知官費無望也、遂相與創立私校、辛苦歷年、卒底於成、而私立之武漢中學、且相繼成於吾邑人之手。焉官權擢抑於上。而士氣振揚於下。吾蒲教育、其庶有豸乎。

（二）社會教育

蒲民囿於習俗、一時未能改革、子弟發蒙。必讀經書、年關度歲、仍遵舊朔。以畢業數見不鮮。而豔稱前清秀才。以民國刑律減輕。而好爲無味爭訟。則社會教育急待設施也。

簡易識字科　清末、蒲圻各初等小學、附設此科、公家備有書籍、並年給燈油費十千、集鄉村白徒、於夜間教之、

圖書館　蒲圻向以朝陽書院萃古樓爲藏書地、邑侯張雲生置有書八種、雖皆經史大部、不適社會教育、然讀書子弟、皆得披閱以廣見聞、實開圖書館之先聲、其後高小學校成立、復添購數十種、應用者畧備、迭經兵燹、竟蕩然無存、惜哉、

閱報所　民國初元、自治會開設、有閱報室、並設專丁收檢報紙、招待來賓、意甚盛也、迨自治取銷、此事遂廢、近黃勸學所長煜林就宣講所內恢復閱報室、洵十年以來所僅見也、洪山余家橋、亦設閱報社、閱者日數十人、以湖鄉而有此創舉、可想見其人民程度之增進矣、

宣講員　民國成立、即置宣講員、城廂則自治會設有二人、四鄉則勸學所設有四人、每到一處、必設臺宣講所講白話、彙集成編、回縣時呈所長核閱、其于通俗開化之意、可謂勤矣、自某所長去職、宣講員雖存、不復聞講演之聲焉、

蒓報社　京省同人、憫故鄉風氣閉塞、特設此報、以富道鐸、凡教育實業、及社會公共之利病、無不詳細言之、且明白曉暢、雅俗共賞、誠開通民智之絕妙法門也、

第三節　實業行政

蒲圻前清時、即注重於實業之提倡、如朝陽書院隙地、宗縣令不以種花卉、而植桑百餘株、（乙巳改造操廠將樹伐去）張使君集慶租邱氏宗祠、試辦織夏、已爲實業行政之見端。自清季以及民國、或由本縣長官籌款創辦、或由國家派員自辦、乃善政難濟、人民智識短淺、無力維持、以致旋廢旋興、成效莫睹、曷勝浩嘆。茲特紀錄如左、

茶業試驗場　設羊樓洞畈上、清季湖北勸業道委派專員辦理、先立有茶業學堂、招致附近園戶子弟、研究培植製造各新法、並租地數畝、植茶無算、實行改良種製、置場長一人、會計技士各一、工徒四名、歲支經費二千四百餘串、

農林試驗塲　民國元年、奉湖北實業司指令開辦、地點在南門外五岳觀、塲長一、司事塲丁共五名、歲支經費一千元、由自治會議決以東鄉竹木火紙捐爲常年的欵、不久停辦、

貧民工廠　知事李伯莊、集禁煙罰欵九千餘金、創此工廠、購鐵木機若干具、招女生數十名、聘瀏陽某女士爲教習、教以績麻織布、而以勸學長兼任總理、粗有頭緒、伯莊解任、繼之者爲祝芴山、藉口辦理無人、爲張松地圖之獻、士民至今怨之、

模範林　鐵路枕木、需要甚巨、部令各縣勸民間廣種美國槐及黃荊樹、蒲圻劉令承其旨、特就城內外馬鞍壘秀等山分設苗圃、並於峙山種樹數千株、派城紳數人爲該塲辦事員、其苗木餘賸者、令各團具價購種、南鄉賀紳肖如所種尤多、

實業淺說　劉知事每月每團各送實業淺說數冊、其中新理頗多、有益實業不少、又將種棉種桑簡明方法、訂成薄本、分送邑人士、俾照章訓導本地農民、該令在蒲、可記者惟此、

第二十九章　司法

民國初元、司法獨立、蒲圻亦循例設置、其職員如左、

監督推事一、推事一、檢事一、書記一、監獄官一、

設立之初、人民頗易視之、有張質卿者、以事被崇陽縣關提、初級廳援例押解、質卿竟敢率衆拒抗、後聞其電省請兵、揭家遠颺、法廳無所洩憤、乃嫁禍其兄、至於人亡家破、冤哉。

民國二年、政府通令裁撤、蒲圻之評論此事者、約分二派、

甲　司法獨立、責有專歸、權不旁撓、民刑事件、判決迅速、絶少拖累、似不宜裁、

乙　司法獨立、不受自治監督、遂濫用浮報、迫同室操戈、以賬呈自治會核算、咨一覆按、浮濫竟至千數、則裁撤之不爲過、

蒲圻縣知事兼司法時代

承審員　月俸八十元、佐知事辦理詞訟、初級審判、承審員負責、地方審判、知事同負責。因此遂生二弊、

濡滯　知事庶政紛繁、每有疑難、輒委承審研訊、而承審以責在知事、不即判決、彼

推此諉、而拖累之弊生、

闢說　知事因各項公益日與士紳接、一般權紳。公餘輒談及私事。知事往往曲意徇之。不肖者或因此招納賄賂。而是非顛倒之弊生。（譎報載潘姓命案劉世璵因某巨紳關說得錢八百串）

以上所言、皆弊之在官場者、源不潔、流奚清、故差役之弊尤甚、檢驗吏卽昔日之忤作稍一棘手、輒謝不敏、往往重要命案延擱一二載、猶未檢驗。言之寒心。法警卽昔日之快捕壯丁。並未受有教育。每事下鄉、不問道里遠近。輒苛索路費。嗚呼司法之黑暗若此。人民之枉。將誰訴耶。

第三十章　警察

蒲圻警察、創辦最早、前清知縣王寶善曾設警察傳習所、一時士夫爭趨之、故邑人多具警察知識、如馬祖鵬、熊貝佐等、皆辦警著稱者、其設置如左、

總署　縣設總署、向在北門武廟、今移設公署儀門內、

分署　羊樓洞、羊樓司、新店、車埠、汀泗、石坑、神山、各設分所、近金獅觀亦添設駐在

所、地方決不承認、遂撤、

經費　縣署月需錢三百九十四串、歲需錢四千七百六十四串、據元年自治會核定表以

廝契兩捐爲常年的欵。各鎭皆就地籌欵、大都以舖捐、牛捐、穀米捐爲主、餘則隨地

方出產徵收之。

蒲圻警政之設施擇其最著者紀之

路燈　市埠三义路口皆設有路燈、以便夜行者、

菜市　縣城賣小菜者、向皆羅列街市、今統歸城隍廟、

檢查　蒲圻火車多夜到、客商夜半入城、警士常就城門檢查、

禁烟　烟禁漸弛、城市烟窟甚多、警察日夜巡查、本屬天職、乃有進奉者不問、無進

奉者查抄、亦非平等之道也。

第三十一章　兵事

第一節　歷代之兵事

時局不靖、土匪蜂起、故城鎭皆設兵駐防、以保公安、人民倚之、自新店洞市、迭次譁變、

商民遂大失望、現蒲通設鎭守使署、轄蒓川、行且爲邊防重地、茲更取歷代兵事關於蒲者類志之、

唐元和志、赤壁在蒲圻西、吳周瑜破曹操處、圖經又云在嘉魚西、蓋嘉魚當日原屬蒲圻、赤壁一戰、實爲蒲圻有兵事之始、

太平城在縣西南、孫權遣魯肅征零陵、于此築城屯兵、卽今城西圍也、城之遺址尙存、

宋到彥之討謝晦、連戰不利、退保隱圻、綱目隱圻卽武昌蒲圻

岳公城在縣東北、宋岳飛征楊幺、築此屯兵、

元世祖南伐、自陽邏洑至鄂州白鹿磯、命伯顏攻沙陽堡、

明崇禎癸未夏杪、流賊張獻忠遣輕騎百人爲哨探、拿船渡邑人侯定國發矢貫前騎、余開衡舞刀、大呼殺賊、賊驚潰、七月全隊壓境、定國開衡先登陷陣、被重創、絕復蘇、邑令曾栻單騎走死王墩廟。時白骨山積、室廬灰燼者大半、

第二節　清初及中葉之兵事

蒲圻清以前有兵事亦偶然耳、自入滿朝、幾無代無之、然自康乾以及嘉道、兵事之影響於蒲民者、尙不甚巨。志如左、

清順治二年、闖賊陷蒲城、駱文節被執不屈死、賊大焚掠、邑人李侍率鄉勇逆截於大田畈、賊潰走屯黃茅山及楊林等處、侍夜刼其營、更伏兵要路邀擊之、賊驚潰、渡臨湘河而南、踞蒲凡三月、焚殺殆盡、六月清軍至縣安撫、復睹太平、

康熙二年、官軍勦西山賊李來亨、徵夫運米、死者甚衆、

康熙十四年歲稔、時討吳藩、（三桂以十二年反）兵車絡繹、而米價甚平、民困稍蘇、然避兵轉徙者已不少、十七年、雲南平、流亡者始歸、

乾隆末、洋泉團白蓮教已萌蘖、知縣靈川置不理、嘉慶三年、楊令清輪遣役往探、被害、清輪一面詳請、一面召集鄉勇爲城守計、邑人馬效忠葉鳳舞率煙兵百爲先驅。追至石門頸、格殺多人。匪遂潰散、（是役戰死者凡十一人均祀忠祠）

道光辛丑、崇邑之變、擾及蒲圻、（鍾人傑抗糧反）知縣蕭蔭恩率紳民城守、有劉先福者、奮自刼壘、死、未幾賊自潰散、

第三節　清末之兵事

洪楊之變、蒲城三陷、受兵最久、而戰事亦多可紀、故特志之、咸豐二年冬、太平軍南下、石達開軍至茶菴嶺、冠服登臺、演說漢滿種族主義。音容慷慨、鄉民多爲感動。十一月初九、縣城陷、知縣周和祥及縣丞張汝琛典史何耿千總胡起太皆死之、同時將弁兵勇紳民殉難者千餘人、庫署倉廒驛馬焚刦一空、越宿去、十二月、知縣孫守信蒞任、

四年春、粵餘黨集蒲、徧招流亡、搜括民財、幾盡、七月、大軍復蒲城、五年二月、粵軍復上竄、賀壽春率勇禦之沙子嶺、兵敗遇害、太平軍遂入城、孫令守信駐新店、督率練勇、以汪士哲爲隊長、屢攻城不克、九月、羅澤南由豫進勦、相遇於羊樓司、三戰三捷、賊大股並萃邑城、澤南復與戰於城西鐵山前、隊楊載佑劉季霞戰死、澤南愈奮力猛撲、遂破走之、是役也、汪士哲首登陣、授署千總、孫守信擢任參謀、知縣李炎繼任、十一年、太平軍復集、教諭黎鴻漸死之、李炎退屯新店、六年三月、汪士哲及王道平督隊野戰、賊佯敗、道平追之、渡望山河、賊乘半濟返鬥

執道平殺之、是年各地團練多敗沒、粵軍駐城將一載、後聞官軍復武昌、遂宵遁、
同治四年夏、游勇掠東北境、旋竄崇通大軍路、蒲晉勸知縣顧際熙捐錢二千緡以
備支應。軍秋毫無犯、民賴以安。

光緒庚子、港口鄉民饒化之嘗從軍在外、至是歸、自言受革命黨首唐才常委狀在
羊樓洞放散漂布、從者日衆、是年秋遂舉事、知縣何蘊珊聞信、即往查洞辦梟、吳至
林以示衆、其黨多散、旋聞唐才常在漢事敗、化之遽逸去、黨徒多伏誅、地方遂靖。

第四節　民國以來之兵事

民國成立後、南北屢有戰爭、而蒲圻適當衝要、受軍事上損失甚鉅、前事不忘、後事之
師、特錄之以告來哲、使知所預備焉。

辛亥秋仲、武昌起義、天下響應、各路兵士之往來吾鄂者、多取道蒲圻、城紳特設保
安會招待之、以防未然、各鎭仿其法相繼設立、雖朝代改易、而閭里幸免兵禍。

民國二年、民黨巨子宋教仁滬上被刺、黃興指爲項城主使、據金陵起兵、湘省兵亦
接踵而起、秋初、攔入蒲境、駐楓樹嶺、與北軍駐白石園者連戰不利、北兵遂進逼茶

菴嶺、湘督譚延闓、以皖贛先後失敗、懼獨力不支、通電政府願取銷獨立、將南兵調回、北軍亦遂停進攻、不久卽回鄂省

六年夏、張勛亂政、（以兵解散國會逼總統遜位清宣統復辟）段琪瑞討平之、復民國而不復國會。西南以護法爲名。遂與傅湘督宣戰、蒲居湘鄂之交、據武岳輪路中樞、轉餉運軍、供億已不勝其煩、未幾、長沙陷、岳州兵亦全師潰退、沿路寇抄、蒲遂大受影響、潰兵去後、第七師入城、復肆焚掠、旋分兵駐茶菴嶺、寇掠如故、鄉民多竄伏山谷、七年春、吳佩孚兵至、嚴禁侵掠、居民始稍歸業、

八年秋、駐新翟連長不恤兵士、全體譁變、槍斃商會長父、刧去貨財以鉅萬計、王督聞變、飭緝爲首者正法、並認撫卹、

九年夏、新店駐兵以缺餉故、復譁變、各富商多被抄掠、連夜來羊樓洞、誘該鎮防兵一同爲寇、街坊殷實鋪戶、損失尤重、十年秋、湘軍司令趙恆惕、憫鄂民水火、越境驅王兵、士路蒲進攻、駐紮鄉村、秋毫無犯、僉稱義旅、比其反也、沿路搜牢、遇有面目者卽牽進奉、竟與宋軍第七師無異、

第三十二章　形勢

蒲圻鐵路橫貫、北通京漢、南走湘粵、西出長江、故陸溪口與烏口爲水路必爭之地。然以水陸言。則水路輕而陸路重。以南北言。則北路緩而南路急、詳述如左、

羅澤南之拒太平軍也、一敗於羊樓司之復均、再敗於羊樓洞之團魚山、今改名得勝山三敗於城西之鐵山、皆南路也、

民國二年、南北分爭、北軍駐白石團、以少數人沿龍口而伏、地形便利、遂大敗南軍、然南軍駐羊樓洞時、若有人導之自中心坪潛抄北軍後、則蒲城得已多時、故此一路尤爲緊要。

六年冬、南軍乘勝直逼趙李橋、將鐵橋拆毀、則此橋亦扼要地、

羊樓司係臨蒲界綫、九年夏、鄂旅寇英傑駐此、防堵張湘督潰兵、甚爲得力、潰兵多從水路南下、全蒲獲免蹂躪、

羊樓洞距趙李橋僅八里、實扼南來之衝。而地處萬山中。往攻殊不易。且茶商雲集。稅厘旺時。歲約百萬。財賦亦足取給。眞進可戰退可守之要塞也。現蒲通鎭守使行署擬

設於此。則兩路策應。匪惟國防鞏固。而地方伏莽。亦潛消矣。

第三十三章　關係

第一節　對於本省之關係

蒲圻在省治西南。地勢雖頗偏僻。其關係本省者。如公益。如商務。如工藝。如種族。不一而足。分著如左。

武昌嘉魚咸甯　嘉魚長堤。蒲與咸甯。向有協編銀兩。助江嘉二縣修築。後以關係重要。知縣任遡防始改分修。

通城崇陽　通城米銷洞市者多。茶次之。崇陽紅茶多銷沙坪。老茶仍銷羊樓洞。故爭平爭稱之訟。兩次皆有崇通人。

漢口　蒲圻青紅茶、絲、麻、紙、箋、牛皮、魚、米。皆以此爲總銷場。

棗陽隨州雲夢　多來荆泉。泉坑等處採辦火紙。

蘄春京山　蘄艾。蘄蛇。京半夏。京百合。蒲圻藥肆。多運銷焉。

沔陽　賣花賣魚者。多沔陽人。巳酉水災。北人尤以蒲爲桃源。

均州　蒲民多嗜均州菸葉、各煙號每年所採辦、爲數甚巨、

通山陽新　蒲邑搴紙簾者多與國人、挖煤者多通山人、

黃陂黃岡　蒲圻鉛錫匠黃岡人多、成衣店黃陂人多、

漢陽　荆州　蒲民攻木業陶多、多在沿江一帶、

襄隕　蒲民移殖者、無處不有、襄郡之楊竹谿之歐尤有名、

第二節　對於全國之關係

蒲邑所關係者、不特湖北也。對於全國、莫不有關係焉、

京兆直隸河南　蒲圻鐵路、自武昌渡江、與京漢路一線遙聯、近來道撥房監工包工、尤多燕豫人、且有在蒲置產者、

山東廣西　洪楊浩刼、蒲城三陷、父老談及、輒慨然、不願有此等內亂、近南北戰爭、

吳董率軍駐蒲、與地方頗有感情、

山西廣東　蒲圻紅黑茶商、晉粵幫最盛、晉之龜靈集粵之如意油多由商帮銷

江南　粵亂平後、江南遷蒲者衆、新店王錫五、卽其一也、

安慶　蒲圻典商多徽幫、向之春茂恆昌及今公益典經理張玉田皆皖人也

江西　蒲市藥材號及紅茶行包頭、以江右人爲多、

湖南　湘鄂向本湖廣省、蒲圻與湘尤接近、湘人商於新店羊樓洞者甚衆、茶銷洞市、穀米及石炭、多由水路銷新店、

四川　蒲人多營業於四川鹽灶、李標詩謀生及四川周順偶詩生涯強半在西川可想見工商四川者多

貴州　學堂初開、黔撫岑春蓂、曾調邑人王康任師範教育、

雲南　前清雲土、多銷蒲圻、今則惟雲白銅煙袋、尚有銷售者、

閩浙　杭之綢緞、如杭紡、杭綦本、杭胡縐、閩之海菜、如燕窩、蟶蚌、藥材如建蓮。建砝、建麯、多行銷蒲圻、

陝甘　蒲人近年多游宦西安、秦隴皮毛、多有帶銷者、

新疆　左文襄征回、蒲圻錢漢阜李某、實荷戈以從、錢官拜城、衣錦還鄉、李歸事鈞游、與談新疆戰事、亦娓娓可聆、

東三省　邑人張潛若、賀希芝、幷官龍江、張尤多著政績、

內蒙古　峒庄磚茶、抵張家口、西商多卸貨、另有代爲運銷、

外蒙古　羊樓洞茶磚外蒙銷場、以庫倫爲總匯、

第三節　對於世界之關係

蒲雖蕞爾、而東西兩洋之貿易、於蒲頗有關係、試彙志之、

日本　蒲圻之麻、售諸漢上者、多銷日本、日人織爲布疋、轉銷我國、如東洋縐、條絲緞之類、蒲圻近年、銷數不少、

俄國　羊樓洞紅茶磚茶、多由西北利亞、運銷俄羅斯本部、

英美　洞市茶葉、英商多直接來洞採辦、近日美國禁酒、洞茶亦多銷該國、而英美之煤油、如美孚亞細亞、及紙煙布疋、銷售於蒲圻者、爲數頗巨、

第三十四章　補遺

敎兒童須談有興味事、此今日講學家所公認、然苟無瑰異之觀、曷足發人興起之思、蒲圻山水多奇、靈蹟迭著、正未可以子不語怪、概從筆削也、特補錄之、以供攷古者之研究焉、

泉神濟窮　荆泉洞記載、昔有貧乏者、書劵投水中。水瀾沒紙、須臾金錢出、如紙上所貸、酬之則劵復從瀾中出、不壞、後爲無全壁者誤事、遂不應、然則神亦重信義歟。

龍王識字　王雲翔掘泉禱雨記稱、以疏投、永輒從水面屑折面下、篇幅遞展、若有諦視之者、須臾沸水出、器貯以歸、翌日果大雨、遠近霑足、其神之靈耶、抑適逢其會也、

佛光示現　馬淑昌於雪峯寺頹垣中、見半規光影、凝空不散、亘七晝夜、曾者有光說、未知與今日光學家言同異若何、

洞口留題　敖一瓚竹山洞記、記蘇東坡自武昌西山泝流至此、題游泉漱月四字而返、（洞口有泉不知所來盛夏水漲嘗有大尾江魚有洞出中有石像石甕砥床諸勝）

窪樽石　龍翔山有石平方、中一口如甕、可注酒、（上有熙寧癸丑上巳等字）

了髻山　雙峯如髻。晉葛洪棲眞處、山空日暝、時聞棋聲。

先生壠　在車埠雞鳴港、相傳明宋濂遊蒲居此、因名、

學士洲　洲在故營里潭、卽今娥潭、爲邑中關峽。

金臺觀　唐貞觀中掘土得石。有金台字因名、此與延壽寺射圃嶺峙山等處均公產

瑶圃祠　青雲嶺有吳主廟、廖道南更今名、又有橋名玉虹

三官殿　在風潭、壁立河岸下有石、名海船頭。石有石室可以安禪

萬年菴　在港口驛、董其昌題額、法堂歇心處三字、亦董題、

荊竹坡　在豐財山側、有洞處敞可容數千人、石面有朱書元至正字蓋前人避兵處

蓮花洞　在洪石圍西、洞有石倒垂如蓮花、魏司徒說有記、

青閣　張白蕤讀書處、清大學士朱珪有詩記其事。

白嶺　在北門親樂園、其陰有節孝卓女墓、

蕭堆　豐財山西麓、有石突起東洲、曰蕭堆、

鼓潭　潭多石穴、與風水相吞吐、有鼓笛之音。故名、

思姑井

望夫山

蒲圻鄉土志

百二八

民國十二年十二月出版

蒲圻鄉土志一册（附圖一）

定價大洋二角五分不折不扣

遺著　蒲圻宋衍綿

參校　蒲圻劉樹仁

校對　蒲圻賀良鷟　吳至寬

發行所　蒲圻縣教育局

代發行所　武昌武漢中學校圖書室

印刷所　永盛印書舘　武昌候補街七九號　電話二百二十七號

荆楚文庫

（民國）乾鎮驛鄉土志

周慶璋 纂

《荊楚文庫·方志編》編纂組

組　　長：劉偉成　陽海清（執行）

副 組 長：劉傑民（執行）　王　濤　謝春枝　郝　敏　嚴繼東　范志毅（執行）

參編人員（以姓氏筆畫爲序）：

王　濤　李云超　宋澤宇　范志毅　郝　敏　柳　巍　馬盛南

陳建勛　夏漢群　梅　琳　陽海清　彭余焕　彭筱澂　楊愛華

雷　静　劉水清　劉偉成　劉傑民　謝春枝　戴　波　嚴繼東

編　　審：周榮

顧　　問：沈乃文　李國慶　吴　格

前言

《〔民國〕乾鎮驛鄉土志》不分卷，周慶璋纂，民國七年（一九一八）稿本。

周慶璋，字仲特，號再舫，又名毅，天門乾鎮驛人。一生歷經清末、民國、新中國初期，歷任乾鎮驛、天門縣城、漢口、武昌等地中小學教員，頗受師生贊許。

乾鎮驛，即今天門市乾驛鎮，地處天門市東南部，舊名乾灘驛、晴灘驛，清雍正年間因縣名更改而隨之更爲今名，爲天門四大重鎮之一。

清光緒三十一年（一九〇五），學部尚書張百熙奏請天下郡縣編纂鄉土志，用作中小學鄉土教材，以激勵民心。同年，學部頒降《鄉土志例目》，要求各府、廳、州、縣選博學能文者按例編纂。至民國間，鄉土志編纂得以延續，民國三年（一九一四），教育部令各地編修鄉土志用做學校教材，并供清史館徵用，各師範學校順應潮流，便以之爲學生作業課題。民國七年，周慶璋就讀於湖北省立第一優等師範學校，是年暑假，校長沈肇年以『鄉土志』命題，作爲學生的暑期作業。周慶璋遂以家鄉乾鎮驛爲對象，『日就質於鄉中父老諸前輩，乃摭取鄉土中之犖犖大者』，并參考諸縣志資料而編纂成志。

志分九門二十二目，内容包括疆域、山川、古蹟、人物、風俗、出産、農田水利、學校、寺觀，志前有周慶璋自序、凡例、目録，每目之前均冠以小序。

是志源於暑假作業，内容較爲簡潔，僅一萬多字，但用筆嚴謹。如人物類，往昔縣志雖多堅持認爲『生人不應立傳』，但對離任官員及節婦仍有例外，而該志則堅持『人物内凡當世未殁者，雖然道德之卓行，宦績之不著，以及節孝、方技、隱逸諸類，概不録入，以後事未可料也』。對於所有史料不足或者調查後仍不確定的情況，作者不敢妄自臆造，而是『均俟查明再録，杜疑惑也』：如『蔣祥墀』『熊士鵬』『蔣立墉』等條，作者介紹了人物科名和一些任官經歷後，特標明『餘俟查明再録』，以示嚴謹。又如古蹟一門，僅録至今可尋而識者，所録八景詩特在每首之前冠以小序，叙述每景具體所指物及其歷史，這些足見編者嚴謹的執筆態度。志前有言及是志：『悉心采集，頗見切實，知非浪事抄撮者。』評價甚高，疑爲校長沈肇年所作。

是志内容新穎，頗具時代性。一方面删除了傳統舊志必載的秩官、選舉、節烈等條目，另一方面增加了一些具有時代特色的内容：如『出産・貨類』録洋紗，反映了民國時期傳統市場的變化；農田水利門所載土質、肥料，近代意義較强；又如學校一門，『讀經攻史外，改良一二，如輿地、算數各科，多兼教者』，反映了學校教學科目的調整。此外，學校卷總體内容與傳統舊志也完全不同，舊志多載學制、學宫、學額、廟學禮制等項，是志則記官校與私校之校費來源、校規、校址、教師資格等内容，體現了民國時期教育近代化的一些重要方面。

《中國古籍總目》《現存湖北著作總録》著録是志。據《中國古籍總目》，此稿本惟北大有藏，遂購爲底本，二〇一三年《北京大學圖書館稀見方志叢刊》已影印出版。另有抄本，上海市圖書館有藏。（彭余焕）

目録

乾鎮鄉土志

周慶璋

乾鎮驛鄉土志序

六經皆古之史也，其詞義簡古渾淪而盡事情，平易涵蘊而不貴辭。其中若詩之國風、書之禹貢、易之坤卦、禮之王制、春秋列國之山川形勢[勝]、習尚文物，大而王章國典，小至風土人情，凡有關於地理者，罔不包羅萬有，深切而著明也。後世作史[者]與夫諸子百家

天门縣志板久不存，故收藏為難。此作只就乾驛一鎮悉心採集，頗見切實，殊非事鈔撮者

而積一邑，積各邑而為一郡，積郡而省而國，如網之在綱，衣之有領，積小而大，約繁為簡，用力省而成功易矣。若是乎鄉土志一書，詢近世所謂政治地理學之一助也，則其不能不汲汲然而講求焉者，然歟。戊午夏，學校例假，校長先生以鄉土志命題，為諸生課。慶璋學識譾陋，不能文，為之慮然者久之，雖然長者之命不敢辭也，於是勉力從事，日就質于鄉中父老諸先輩，乃摭取鄉土中之犖犖大者，先事分為九門，以志其崖畧：曰疆域，曰山川，曰古蹟，曰人物，曰風俗，曰出產，曰農田水利，曰學校，曰寺觀。事績雖實，而文則蕪雜，不堪是何足以饜博雅之心哉，聊以遵

乾鎮驛鄉土志序

六經皆古之史也，其詞義簡古渾淪，而盡事情，平易涵蘊而不費辭。其中若詩之國風、書之禹貢、易之坤卦、禮之王制、春秋列國之山川形勢、習尚文物，大而王章國典，小至風土人情，凡有關於地理者，罔不包羅萬有，深切而著明也。後世作史興，夫諸子百家者流，於國家所以治亂興亡之故，其中亦往往傳之地理，以為攷鏡之資。然則地理也，其治國者所不可少，而據以為措施之本乎。夫地理之有益於國家，大之固統全國疆域而言，小則一鄉一邑之間，其山川人物、風尚土宜諸事，雖不足以盡地理之功能，而分門別類，攷覈精當，志之以存篇帙，究亦可以為一國地理志之嚆矢矣。蓋中者鄉而積一邑，積多邑而爲一郡，積郡而爲國，如網之在綱，衣之有領。積小而大，約繁爲簡，用力省而成功易矣。若是乎鄉土志一書，洵近世所謂政治地理學之一助也，則其不能不汲汲然而講求焉者，殆以此歟。戊午夏，學校例假，

校長先生以鄉土志命題，爲諸生課。慶璋學識譾陋，不能文，爲之慼然者久之。雖然，長者之命不敢辭也，於是勉力從事，日就質于鄉中父老諸先輩，乃摭取鄉土中之犖犖大者，彙事分爲九門，以誌其崖略：曰疆域，曰山川，曰古蹟，曰人物，曰風俗，曰出產，曰農田水利，曰學校，曰寺觀。事蹟雖實，而文則蕪雜不堪，是何足以饜博雅之心哉。聊以遵

校長先生之教焉耳。

民國七年七月朔日古竟陵周震鱗識於枕經齋

乾鎮驛鄉土志凡例

一吾鄉雖屬天門縣四大鎮之一而一縣之中事繁不能備載故於吾鄉之事稿查無漏亦以副　校長先生所賞之名義也

一每目冠以序與子目別也詞求簡適也戒冗浮也每目或分另子目或分門別類另之以免混淆也

一人物內有遺漏或調查不確切候查明再錄杜疑議也

一人物內凡當世未殁者雖道德之卓行偉績之丕著以及節孝方技隱逸諸類概不錄入以後事未可料也

乾鎮驛鄉土志目録

疆域志序

周官職方氏正南曰荆州，其川江漢，其藪雲夢。漢書載桓帝章竟陵，過雲夢，臨沔水，川藪過臨而繫之所幸，即今天門地。吾鄉居本縣東南，舊名晴灘驛，更名乾灘驛。前清車書一統，圖繪皇輿，自世宗憲皇帝更定縣名以來，幅員如舊，風土彌新，而吾鄉亦因之改名乾鎮驛矣。志疆域。

依縣志遵照

中華民國全圖四正四隅

乾鎮驛在天門縣東南六十里，東西廣五十里，南北袤一百一十里。

東十里至漢川縣田二河界。

東南十五里至漢川縣田二河界、

南四十里至本縣岳口界、

西南四十里至本縣岳口界、

西三十里至本縣東門界、

西北三十里至本縣北門界、

北七十里至本縣皂市界、

東北三十里至漢川縣界、

邑劃二十一團、列之於左

乾團　　左團　　倒南團

倒北團　　馬東團　　馬西團

閘南圍　閘北圍　閘西圍

華東圍　長李圍　松拖西圍

古拖東圍　三王社東圍　觀盧社西圍

釵子圍　釵沙圍　寶白圍

紫頭圍　鴉喬圍　沉湖圍

山川志序

山川幽秀，往往有高人逸士遨遊其間，借以模山範水，弄吟風月。吾鄉自陸羽先生後，千百年來，凡飲文學泉、汩汩思湯者，莫不探跡尋踪稱道于不置者也。志山川。

山　臺附

東岡，蟠亘本鄉西北境，夾松石、華嚴二湖。唐陸羽嘗居此。宋祈《新唐書·隱逸傳》：陸羽號竟陵子，又號東岡子。明魯蔡酒鐸世家焉，有詩。

魯鐸《東岡詩》　湖上東岡舊得名，結廬高處作書生。北瞻京國寸心遠，下瞰郊原四面平。風景閑時皆好況，雲霄何日是前程。梧桐生在朝陽裏，聽取丹山彩鳳鳴。

魯鐸少時詩　古樹岡頭屋數椽、主人家世只殘編、住臨江漢東南會、望到雲龍五百年、七澤鳶魚皆道理、九州兄弟或顛連、西周老鳳將雛近、幾見梧桐日影圓、

古老臺　在鄉東北十里、與東岡遥對、

鵞兒臺　在鄉西北八里、有鵞眼數處、眼内淺丱清泉、一手可掬、冬溫夏冽、盈涸不變、每當夕陽初落、宛如烟霧朦朧、西華巖側松石其清波蕩漾、時相輝映焉、

川　湖澤附

縣河　經八字隘至新溝以達漢水、

漢水　中號支河、至便河口又東十里為馬灣河、舊有灘、挺入中流、名

馬灣灘、南岸河灣院、倒套院，屢受潰決。清乾隆二十六年，巡撫湯聘勘閘，俾水直流，院堤至今德之。

牛蹏支河，至馬灣河，又東十里為乾鎮驛，又東五里為城隍臺，出界達漢川縣田二河、張池口，出脈旺嘴，會漢水。

松石湖，在鄉北四里，水澄如鏡，味極甘美，為吾鄉勝蹟。明司徒陳所學松石園在焉，今淤其半。

園荻園公祥鑑避亂松石湖，寄僧月波詩：尹向華嚴界上行，我來松石幾前盟。天生烟月兩湖水，分與詩人好避兵。

華嚴湖，在鄉西北八里，中有浮石一座，先輩云曾有仙跡，至今水漲石高，水落石平。中有泗州寺，饒有趣致。

白湖口、在鄉東北約二十里、

沉湖（一作澄湖）在鄉南約里許、寬三十里、長六十里、交沔陽縣仙桃鎮界、今湖岸漸淤、惟有漁舟而已、

長淌鎮後古溝也、蜿蜒三里許、上通牛蹄支河、下貫松石〔湖、〕後〔經〕周中丞樹模〔重加〕疏濬一次、堪輿家謂此鎮之通塞〔有〕関于鎮市之盛衰云、

白龍潭、在鄉鎮東、成正方形、底深不測、清冽宜人、每當初夏、菡萏荷花、游魚戲弄、蕩槳採蓮、饒有逸致、

古蹟志序

嗜古則致古過古宅而弔詠之獲古器而珍銘之凡吾鄉臺址井泉坡塚園池之遺迹至今可尋而識也志古蹟墓附

直陽市城在鄉東十里世傳為本縣舊城至今有城隍臺接壤漢川縣田二河不知何代所築俗傳直陽縣然古無此名也

采真園在鄉南五里明周少保嘉謨別業西澄湖茂林修竹池島亭榭綽有幽致後胡泌詩末句云曾駐河干尋勝跡萋萋芳草亂啼鵑不勝詰人云云之感矣

松石園明陳司徒所學別業在鄉北四里　李大泌記畧云園有書院曰親賢窩曰燕息卅堂曰怡雲齋曰靜植菴曰常樂坊曰寶樹曰

長林豐草、有橋曰雲門、曰省穫、而概之以松石、或取勝於泉石湖山、或取覽景於烟雨風月、或取事於耕釣樵牧、或以睦宗族、或以訓子孫、或以樂友朋、要其深旨殊不在此、蓋其大父母塋於園西南、而太公夫人藏距百餘步、尤三致意焉。

奎星閣在鎮東牛歸支河南、為周中丞樹模所建、直矗立河干、氣象肅然。

白雲寺在鄉北五里、中有古井、相傳通白龍潭、水味如蜜。

明魯祭酒鐸墓在鄉沿湖口、有地曰蠟林、鐸卜得之、易名止林、諭煬祭葬。

明周少保嘉漢墓在鄉松石湖、諭煬祭葬、有碑、馬鬣崇隆翁仲依然，至今過者輒憑弔不置。

前志諸蹟不過略有古致而綽有幽雅，氣象特奇者，則又有八景焉。

録周樑南公琴八景詩於左并序

直臺古槐即今城隍臺得臺字

直臺聳天漢，僊禽鱗集。明文恪魯公鐸肄業於此，手植庭槐，歷今二百餘載，盤錯秀美，躋斯台者罔不弔古情深。

大木前賢植，扶疏鎮古臺。風梳枝不舞，地斂影偏迴。嬝娜星宮柳，盤踞儆蜀梅。愛他培養久，應許是良材。

松石綠波得波字

松石明湖橫濶數十里環匯清漣可愛中央徹底碧綠其色尤佳前明

司徒陳公所學建松石園于此

一湖饒妙致綠渚秀偏鍾藻映雜分色柳垂亦借容羅紋捲

細雨疊浪皷潛龍頻見來遊客扁舟繫岸松

滴露鳴竹 得鳴字

河洲滴露一菴形勢寬敞明時住持種竹萬竿今則四圍茂密不下萬

餘風來幹敲葉搏鏗鏘有聲遊人咸以鳴竹異

寶梵蒼竹茂掩映一川清蕭風頻留響音嵇琴屢度聲音先

截管得韵自與風生静聽思渺恍然天籟鳴

沉湖夜珠 得珠字

沉湖鈿水蓊莊，夜有蚌珠四岸周遊，光巨艇之比寶燭，其光遐邇耀目

倒之海市蜃樓

蚌胎涵育久，炳燿出沉湖。照水驚潛鯉，明沙亂宿鳧。瑞光
金闕有，異彩丹淵無。從倚深更裏，貪看不夜珠。

東閣晴烟　得烟字

峻嶺東閣，夾兩湖之水，直如虹橋，每天朗氣清，一派烟籠青藹，陸羽
愛之，尝家于此

高陵橫綠野，嵐氣繞無邊。非霧偏遮樹，似虹可接天。影濃
淡畫彩，掛綠紅箋。為憶閣頭句，玲瓏滿紙烟。

兩堰秋月　得秋字

鎮後有元時丁馬二公兩堰二水相連中界狭道如蜂腰通以石橋三秋

月挂銀漢相映似夾眼鏡遊人絡繹不減武陵洞口

龍橋橫二堰朗朗月光浮玉鏡東西鑑金波左右流夜沉魚弄影雲淨雁橫秋乘興頻來賞何須秉燭遊

朝陽夕照 濤陽字

照之朝陽即今文昌閣高聳帶河夕陽在山時霞光返照四面玲瓏若星曜臨空晚眺者留連不能去

堪羨澄江閣遙空逗夕陽曛烘碧瓦燦影射銅駝光歸鶴烟迷羽晚潮岸泊舫低佃樓上客日落更思鄉

華嚴浮石 濤浮字

華嚴西汊舊有萬臺，居水中，周里許，四無徑路，匪舟莫通，水漲則臺

與俱漲，水涸則臺與俱下，名曰浮石臺

臺鍾天地秀，面面繞漁舟，形憁君山壯，幻同海市浮，村烟吹遠

浦，牧馬望荒邱，島嶼人稀到，白雲去復留

人物志序

行業之卓宦蹟之隆賢於鄉乃祀於祠不幸而遺典祀亦鄉評所共傳誦鄉中若陸處士及周陳魏魯諸鉅公德望勲名流傳未沫更僕難指可勝書哉志人物

儒林

魯鐸、字振之明宏治十五年會試第一改庶吉士授編修閉門自守不妄交武宗立使安南却其饋還遷國子監司業累擢南祭酒為學不專章句士有假歸廢學者訓飭之悔過乃已久之謝病致仕後累徵不赴築已有園逍遥晚節年六十七卒詔諭一壇賜謚文恪仍令有司營葬著有蓮北稿使交集東廂西廂稿已有

園集梧亭小稿勸善俗言俱梓行後奉廷議追贈少宗伯

魯嘉字亨卿號觀復鐸仲子己卯舉人庚辰禮闈擬第一人以三場卷遺失置之主司惋惜再三歸里後潛心理學尚友古人中丞顧璘雅重其誼有兩〻鳳雛毛五色避人常自宿丹邱之的

魯思字膺甫號淨潭嘉靖辛卯舉人嘗得族人鐸闈發朱陸同異憬然有悟於知行合一內外交致之理晚年析理彌精涇遊日廣人稱淨潭先生士林多仰望之

文苑

鄒枚字馬卿號荻翁自稱鷃夕郎即姓字離合而名之也七歲

屬詩長負才名每飛觴命題頃刻立就詩於唐文粹爲多交
通海內吳山越水間尤多素心人後閉戶著述究心制作崇禎末
以史學徵詳全楚人士公呈中子山參舉人華貢生孫紫綠約
紋綢俱以文章名著有荻翁文集已梓行

鄒曾耀字光遠號清川乾隆辛酉科拔貢授山西平定州州判
改崇陽縣教諭年二十遊孝感夏觀川先生門贊其學有根
柢文多奇崛氣督課兩弟曾輝曾光誘進後學終身觴詠自
娛著有晚翠軒詩文集已行世壽八十五終

楊兆鳳字夢白一號昳雲居士邑廩膳生也鄉後進士林多出其
門著有昳雲軒詩集三餘雜俎待梓性極恬淡蕭灑耽於詩酒

家貧雖無擔石亦不作乞憐寒酸態耿介處卓有古風鄉人
自今称之

宦蹟

魯彭字壽卿號夢野鐸長子正德朝舉人清修博學任
廣東樂會知縣和平愷悌勤恤賑濟去任民思為祠以祀焉
周嘉謨字明卿號敔松隆慶辛未進士除户部主事歷韶
州府遷四川副使分巡瀘州剿建武所兵變單騎馳赴從容諭
定進按察使移疾歸起官屢任布政使晉撫雲南宣撫劾黔
國公沐昌祚侵民田八千餘頃其孫啟元怙侈罪狀陞兩廣總督廣
西土酋引交趾內犯拒退之南海高要等屬大水築圩繕岸多保

陞功名拜工部尚書尋改吏部神宗崩光宗即位鄭貴妃據宮邀
封嘉謨同言官楊漣左光斗以大義責其從子養性動以利害乃
移宮邀封事亦寢初貴妃進侍姬四人致帝疾嘉謨以寡欲進規
及疾大漸受顧命而熹宗尚未嗣位李選侍專制張甚廷臣入
臨請皇長子文華殿受朝送居慈慶宮嘉謨奏殿下身社稷
是托出入不宜輕脫大小殮朝暮臨須臣等至乃發皇長子頷之選
侍之居乾清且挾皇長子同居冀仿垂簾故事嘉謨亟草疏
率廷臣請移宮甚力五日移噦鸞宮當大故頻仍國勢杌隉嘉
謨正色立朝力持大議中外倚以為重其秉銓惟才是任光熹之
際大起廢籍耆碩滿廷中朝為清又請以六事定官評曰守曰才

曰忠曰政曰年曰貌各注其實毋飾虛詞帝称善行之御史賈
繼春得罪張慎言行高宏圖疏救帝並罪二人嘉謨力解奪
俸而止會霍維華希魏忠賢指嘉謨惡之出維華外忠賢
怒嗾給事中孫杰劾嘉謨乃求退忠賢矯旨許之其黨周維持
復劾嘉謨曲庇王安遂削籍崇禎元年起南京吏部尚書加太
子太保明年卒官壽八十四贈少保

陳所學字正甫號志寰萬歷己卯庚辰連捷進士父篆以其年
甫二十不宜躁進名歸力學三年始赴廷試授刑部主事移工
部虞衡典試雲南復命司榷浙江之武林關以廉著旋由徽州
守擢山西提學慎品騭称得士及分巡冀州北修城堡興屯儲

姜曰松石園集
念心草

會順義擁衆窺邊抵城下知有備尋盟去遷福建右司轉浙江左司旋晉撫山西提督雁門關以戶部右侍郎總督南京轉北京戶部左侍郎加工部尚書轉戶部尚書值楊給諫漣以糾逆璫許忤上中旨自魏忠賢標出上意不可知所學引諸大臣上疏力救忠賢深嫉之適以上駕視國學百官習儀內殿忠賢邀執政即議事至戶部辭色甚倨所學據理侃侃折辯忠賢莫能難遂連章請休歸老松石園自詒趙閣藩每轉必具疏力辭至此凡十二上矣其居鄉也置堤到義田請除加派惠孚鄉族年八十二預道卒期遺命勿得請祭葬亦戶陳之義云

陳所前字敬甫號對庭以貢士任武康訓導規矩繩士肅然丕變

第　冊

陞南國子祭典簿，出判興化府，署莆田縣。大得民和，然恬淡少
宦情，屢乞休，兩臺疏薦有器識，端凝操術，峻潔，卒致仕歸。
杜門卻掃，不問生產事，尤弗吝推解。
魏士前，字瞻之，號華山。萬曆庚戌進士，授蕪湖令，調吳江。剔奸除
敝，輕徭省刑。遷南京祠祭司主事，陞潁州兵備道。會龍華寇
起，不數年勘定之。奸璫開屯江淮，汝潁所在騷動，士前調停斡釋，
全活數萬人。晉參議，轉浙江糧儲道。忤璫，免歸。崇禎初，補冀
寧道，改鎮潞州，平渠賊神一魁等。轉川北道，劾罷蔣御門僣
制，再遷榆林道，回籍終養。癸未起東昌道，推屯撫。未任，以艱歸。
家居，劉思才等倡亂湖泊，請於制軍佟公移師殲之，里黨得

安著有陪郎集、晉陽集、紫芝集、蜀遊集、北歸集，代已啟編供行世。

周寅暘，字秩光，號別菴。康熙壬戌進士，選陜西臨潼知縣，為政簡易和平。歲荒民饑，王金山糾蒙等嘯聚摽掠，肆害鄉村，寅暘擊殲其魁，餘黨悉平。時飛蝗入境，度誠步禱，蝗為退飛。復捐貲乞糴鄰邑，力請緩徵豁賦，民賴以生。旋因拂上官意，降閿鄉丞。佐邑十餘載，有政聲，閿人祀入循良。兩權邑篆，不避權貴。勢官林椎者、惟蘭等武斷鄉曲，凌虐貧民，寅暘詳呈制府按法治之。旋致仕。丁父艱歸，僑居江夏，杜門卻掃，不干外事。陳中丞詵、李方伯錫咸器重之。

鄒曾輝字寶莓號桐軒乾隆乙酉丙戌聯捷成進士少負俊名試輒冠軍為文力追正始年四十三始捷南宮仕雲南大姚縣知縣恩威並濟訟息盜歛時滇南銅運派役甚繁大為民累輝力陳其害改長運姚有河塘灌山田萬畝歲久淤塞設法疏濬為利甚溥捐俸建書院置膏火田二百畝會課諸生多所造就乙亥庚子兩充房考所取皆知名士涖姚五載循聲懋著制軍贈聯有三十年來名進士四千里外好郎官之句年老乞休著有甌香集松雨亭集

蔣祥墀號丹林乾隆癸卯舉人庚戌進士翰林院編修累官至都察院左副都御史官光祿寺卿嘉慶戊午充浙江鄉試副

主考乙丑己巳會試同攷官兼提督奉天學政餘俟查明再錄

周楷號笠一作蔀塘改名文炳嘉慶庚申舉人山東莘縣令推導

訓俗民賴其惠尋尹陽穀其為治如在莘時有大府過境閽卒

誅求百端無以應則嗚咽而去公方坐聽事杖斃大府怒甚然

究無以奪公會攟摭他事彈之遂告歸牛車還家憺如也殁葬

先塋採花蔣元溥為志其墓

熊士鵬字兩溟號蒓灣嘉慶辛酉舉人乙丑進士任武昌府教

授著有鵠山小隱詩文集久行世餘俟查明再錄

蔣立鏞號笙陔翰林丹林公子也嘉慶甲子舉人辛未進士狀

元及第翰林院修撰丙子科河南副主考己卯科廣西大主考

弟　冊

俟查明再錄

蔣元溥狀元立鏞公之子翰林丹林公其祖也口口科舉人口口科（道光）

進士探花及第一切官階升名悉俟查明後細行填補

孝友

蔣遇魁蕉園翰林祥墀公曾祖狀元立鏞公其元孫也孝事父

天仟母曾氏父卒爲母入太和山進香值不仙仙人女人女徒於崖下語

曰活佛是父母好子心是修行看破浮名事不如守靜好人謂至誠

所感母患瘻病遇事親嘗藥餌滌便器潔被席扶持歷十載母

九十壽終廬墓以守不茹葷飲酒三年里人某夫妻值荒冬難

活將折離遇知力阻日給米養全之麥黃乃止

周詠、字光賢、恂恂孝友、甫十餘齡、與諸兄弟共案食、遇精饍不親下箸、與之亦不遽啖也、稍長、刻苦讀書、恆手一卷、歷寒暑不輟、應童子試、數被黜、卒乃讐讐家居、時兄弟輩方議分財、羅其金帛繒絮之屬、剖析多寡、公獨於書室中捧經雒誦、衆從公出戶已鍵、不爲開、惟於戶內從容言曰、兄等弟所處之無事詢及予也、後年未五十卒、里黨惜之、識其後之必昌云

蔣其暄、邁之孫、字春暘、號曉峯、弱冠入太學、孝友仁慈、急公好義、見邑學崇聖祠敝、一亭年久傾圮、獨力建修、不計工費、又倡修閣帝廟、文昌閣、其餘施棺、給席、修橋、建閘、及義塚之置、無非以孝友之心發而爲卓行之業、以子祥埠、孫立鏞、曾孫元

溥貴顯疊膺封誥

隱逸

陸羽字鴻漸唐人也新唐書隱逸有其名　陸文學自傳　陸子名羽字鴻漸不知何許人有仲宣孟陽之貌陋相如子雲之口吃而為人才辯為性褊躁多自用意朋友規諫豁然不惑凡與人燕處意有所適不言而去人或疑之謂生多瞋及與人為善雖冰雪千里虎狼當道而不愆也上元初結廬於苕溪之湄閉關對書不雜非類名僧高士譚讌永日嘗扁舟往山寺隨身惟紗巾藤鞵短褐犢鼻往往獨行野中誦佛經吟古詩杖擊林木手弄流水夷猶徘徊自曙達暮至日黑興盡號泣而歸故楚人相傳陸子蓋今之接

興也。始三歲惸露，育乎大師積公之禪院。九歲學屬文，積公示以佛書出世之業。予答曰：終鮮兄弟，無復後嗣，染衣削髮，號爲釋氏，使儒者聞之，得稱爲孝乎？羽將授孔聖之文，可乎？公曰：善哉！子爲孝，殊不知西方之道，其名大矣。公執釋典不屈，予執儒典不屈。公因矯憐撫愛，歷試賤務，掃寺地，潔僧廁，践污泥，牆負瓦施屋，牧牛一百二十蹄。無紙學書，以竹畫牛背爲字。他日問字於學者，得張衡《南都賦》，不識其字，但於牧所傚青衿小兒危坐展卷，口動而已。公知之，恐漸漬外典，去道日曠，又束於寺中，令芟剪榛莽，以門人之伯主焉。或時心記文字，懵焉若有所遺，灰心木立，過日不作。主者以爲慵惰，鞭之。因歎歲月往矣，恐不知其書，嗚咽不自勝。主者以爲蓄、怒又鞭其背折其楚乃釋因倦所役捨主者而去春衣詣伶盧著詹淡三篇以身為伶正弄牧人假吏藏珠之戲公退之曰念尔道喪惜哉吾本師有言我弟子十二時中許一時外學今降伏外道也以我門人衆多今從尔所欲可捐樂攻書天寶中郢人酺於滄浪道邑吏召予為伶正之師時河南尹李公齊物出守見異提手樹背親授詩集於是漢沔之俗亦異焉後負書火門山（在本縣西鄉）鄒夫子墅（墅鄒夫子名也明倪元路曰余聞之竟陵王鳴玉兩黃問曰里之人夢人告之云我唐鄒子也名坤字戶郎讀易之園戶為坤之門文信為確然按墅字疑即坤字之訛當是鄒夫子之名無疑）屬禮部郎中崔公國輔出守竟陵因與之游處凡三年贈白驢烏幫一頭文槐書函一枚云白驢烏幫襄陽太守李愷見遺文槐函故盧黃門寺郎訪與此物皆己

之所惜也宜野人乘蓄故特以相贈洎至德初秦人過江余亦過江與吳興釋皎然為緇素忘年之交少好屬文多所諷諭見人為善若已有之見人不善若已羞之苦言逆耳無所迴避由是俗人多忌之自祿山亂中原為四悲詩劉展窺江淮作天之未明賦皆見感激當時行哭涕泗著君臣契三卷源解三十卷江表四姓譜八卷南北人物志十卷吳興歷官記三卷湖州刺史記一卷茶經三卷占夢上中下三卷並貯於褐布囊上元辛丑歲子陽秋二十有九日

皇甫冉送陸鴻漸赴越序　吾子自數百里訪予羈病牽力迸門握手心喜肯涉旬日始至焉究孔釋之名理窮歌詩之麗則遠野服島通自然行漁梁釣磯隨意而往餘興未盡告云遐征夫

第　册

趣地於山水之佳輮門當節鉞之重進可以自薦求試退可以閒居保和吾子所行蓋不在此較書郎鮑侯知子爱子者將推食解衣以拯其溺講道游藝以凌其深豈徒嘗鏡水之魚宿耶溪之月而已吾是以無間勸其晨裝

行隨新樹深夢隔重江遠迢遞風日間蒼茫洲渚晚

皇甫冉送陸鴻漸棲霞寺採茶　採茶非採菉遠遠上層崖布葉春風暖盈筐白日斜舊知山寺路時宿野人家借問王孫草何時泛椀花

皇甫曾送陸鴻漸採茶相過詩　千峰待逋客香茗復叢生採摘知深處煙霞羨獨行幽期山寺遠野飯石泉清寂寂然

燈夜相思磬一聲。

僧皎然春夜集陸處士居詩　欲賞芳菲不待晨，無情人訪有情人。西林豈是無情景，祇為忘情不記春。

僧皎然尋陸處士不遇詩　移家雖帶郭，野徑入桑麻。近種籬邊菊，秋來未著花。叩門無犬吠，欲去問西家。報到山中出，歸來每日斜。

僧皎然訪陸處士不遇詩　太湖東西路，吳王古廟前。所思不可見，歸鴻自翩翩。何山賞春茗，何處弄清泉。莫是滄浪子，悠悠一釣船。

僧皎然往丹陽尋處士不遇詩　遠客殊未歸，我來幾惆悵。

叩關一日不見人徒塵寒花笑相向寂〻寒花徧荒阡柳色蕭〻

愁暮蟬行人無數不相識獨立雲陽古驛邊鳳廻山中思古

寺漁竿村口望歸船歸船不見〻寒烟離心遠水共悠〻他日

相期那可定閒僧著處即經年

張喬送陸處士詩　樽前放浩歌使起泛烟波舟楫收人少江

湖明月多孤峯經宿上僻寺共雲過若上仙巖住還應著薜

蘿

曹松訪陸處士詩　萬卷書邊人半白一丹來惟恐降元纏性

靈比鶴多少氣力登山較羨分吟鬢漸無前度漆寢衣猶有

九霄雲將知谷口耕烟者低視齊梁楚趙君

輿德輿傷陸處士詩　從無期見，柴門對雪開。二毛逢世難，萬恨掩泉臺。返照空堂夕，孤城弔客煙。漢家偏訪道，猶畏鶴書來。

魏士民，字卓如，少有才名，能斂退以循謹見稱，著書華嚴山之房，不求仕進，有獨行之風。

魏明襄，字霖九，號鈍翁，乾隆朝副榜，世居華嚴湖，放浪山水，歌嘯風月。性孝友，父母生卒日設奠，拜奠嗚嗚作孺子泣於外。龍潭建祠置田，修譜講明宗法，周族中老貧，振獨者，身實貧甚。為文雅正，著有天祿閣集、強軒稿。年八十一終。子二，皆高才生。正鈺，字滙吉，以詩勝；玉璧，字寶臣，以文勝。

方技

魯岱居松石湖畔工畫山水人物畫驢尤入妙

鄢貞旄東谷居鎮街本縣名下士也能琴能棋善飲工吟咏而書畫則尤擅長常往來滇黔粵閩間所交皆當時知名士遇村俗筆輒作數日惡不屑伍家居則闢一畝之園搆三楹之室顏其軒廬曰竹研齋室以外栽修竹數十竿種芭蕉三四窠蒼翠掩映襟袖皆碧室內有榻設几一棹一案頭左籍右史瓶花硯水筆墨亦極精良凡茶鼎酒鐺麈尾琴囊一一布置詩宜真足令人名利心消畫也云與歲貢生楊兆鳳中丞周樹模結詩酒社時相倡和品茗清談竟日不倦每於興酣落筆時書則不減

米芾之顛，畫則直如與可之神。人得之藏之什襲，珍若拱璧。有求之者非其人，不輕諸書畫，均刊有版行世，人爭購之。乃年不滿五旬而遽作古。噫！造物忌才，何其酷哉！

鄢天熀，號旭山，居鎮後街。性和藹，善畫，與東谷齊名。凡山水、人物、花鳥、虫魚，皆逸逸有致，絶無塵俗色飾氣。每一揮就，而神情躍躍紙上，得者咸藏爲異寶。

第　册

風俗志序

俗之於化由草之於風之偃草矣靡俗行化致未有化不醇而俗獨醇者亦未有俗獨醇而化不醇者也吾鄉論其民俗則醇厚惇慤猶然睹江漢永廣之化也論其土風則好古而服奇猶得見匡宋人文之勝也故天悠之望重遠邇太保之振典銓衡至今仰其餘風讀其遺書猶時深景仰不能置云志風俗

鎮街依堤長三里許寬六尺長堤一眺則廛宇櫛比工商鱗集村落依高阜而居或百餘家或數十家雞犬相聞守望相助猶有古人之遺風焉

居鎮者士必兼商居鄉者士必兼農十家之村必聞誦聲

為農者家必兼織廣種棉花農隙率婦子晝夜紡績十室而九故安土重遷無遠商行賈而百工技能皆習為之

婚娶皆倣六禮遺意定聘先使媒往來通問乃具財帛或牛羊往訂庚帖曰拜允女家亦致冠履品物於壻曰回庚其送節過禮催妝諸儀與漢沔小有異同

喪葬士夫家猶能循制守禮者開靈時陳設牲牢親朋齊集發引前夕延相禮四人導引行禮謂之虞祭如吉虞祭儀細民家遇喪事親朋或醵錢擊鼓賽歌謂之坐夜猶楚輓唱之遺

有宗祠者冬至必祭闔族咸集歲首拜墓寒食上塚

正月元旦，雞鳴作飯，供神，男子燃燈燭，奉香出門行禮，謂之出天方。元宵日，張燈樹，村市羣少年飾男女粧，或唱採茶，或唱花歌，又裝飾獅子、龍燈，跳舞，閨中女輩迎紫姑卜問豐歉。

清明踏青，童兒輩放風箏紙鳶。

端陽競渡，咸以果餅投水中，有弔屈之遺意。

初秋中元日，設饌，紙封楮錢，書祖考妣姓名，祭畢，焚化，謂之送神，亦薦新穀之遺也。

中秋賞月

九日登高賞菊。

十二月二十四日為小年，晚具茶果祀竈神，除夕祀神，家人聚食

回團年飯、子弟拜慶家長曰辭年、擊鼓鳴鑼田閙歲、一切土風鄉鎮相類、

出產志序

職方氏言荊州其穀宜稻、漢書言民食魚稻果蓏、蠃蛤食物常足、至明而邑孝廉蕭副志論備述土物足徵吾鄉之饒貨殖固不虛云、志出產、

穀類

粘稻、紅稻、糯稻、大麥、小麥、米麥、蕎麥、稗、黍稷、芝麻、秥粟、糯粟、粱、麥豌、飯豆、蠶豆、綠豆、紅豆、黃豆、（有青白黑茶褐色數種、）

蔬類

大蒜、葱、薤、韭、萵苣、竹筍、茭筍、慈菇、蘿蔔、

茼蒿、莧（有紅白二種）、馬齒莧、茄、水芹、家芹、萵蓬、王瓜、

瓠、南瓜、絲瓜、冬瓜、西瓜、苦瓜、葫蘆、葫蘿蔔、

芋、刀豆、扁豆、蕓薹、甕菜、番薯、地米菜、

果類

桃、石榴、香櫞、梨、柿、大椒、棗、白果、菱角、

芡、甘蔗、荸薺、蓮子、藕、栗、

貨類

棉花、蘇麻、巢麻、苧麻、黃蠟、靛、棉布、撚綢、

撚綫、棉綫、綿絹、蠶絲、蘇油、棉油、菜油、木油、豆油、

土繭、綃、洋沙、

禽類

雞、鴨、鵞、雉、布穀、梟、鷹、鴿、雀、鷺、鳩、鶻、

鴛、麥啄、

獸類

牛、馬、豕、驢、騾、兔、獾、

鱗介類

鱖、蟹、龜、蚌、蛤、黃鱔、鯽、鯉、鰱、蝦、鼈、螺螄、

鱔、鰍

藥類

車前、虎耳、益母、蘄艾、紫蘇、菖蒲、桑白皮、枸杞、

金銀花、蟬蛻、蜂房、穀精草、槐子、

農田水利志序

以防止水，澤國宜之；以豬畜水，山國宜之。吾鄉地居澤國，澤則雨積而虞其澇，河漲而防其潰，故堤防、溝渠、捍禦、疏濬之道，在在皆須設施而不可忽焉者也。志農田水利。

土質

厥土塗泥，厥田下中，厥賦中上。

鎮南諸境多附湖濱，惟依堤者稍高焉。

鎮北諸境除松石、華嚴二湖濱外，皆平野沃壤，彌望皆是，而東岡嶺則尤高，原既無蕩析之患，復饒川澤之利。

歲旱則湖底皆收，水災惟高阜收穫，而湖濱者不過菱芡而已。

土質之宜

南境宜穀粟粱豆之類，而棉次之。

北境宜棉，而穀粟粱豆之類次之。

土質之肥料

南境多用水草，而糞惟蔬類用之。

北境多用油餅，而糞惟蔬類用之。

堤防

牛蹏支河堤防　此河源分襄流，綿亘百餘里，灘挺灣廻，頂衝極多，下歸脉旺嘴，仍與襄河會，故夏秋水泛，其勢最急，坍塌搶築，兩岸各境無能免者，非堅厚諸於既時，莫保其安瀾而下也。

河灣垸堤長一千二百五十丈。嘉慶十三年，總督汪勘陡阧險，發商捐銀兩，令業民挽修業月堤一道，長二百一十八丈九尺五寸，於阧險處又飭發給商捐銀兩，加修高厚堅固，共堤長一千四百七十七丈五尺，接岳口堤。

馬灣垸堤乾隆二十七年，撫院湯移河新添接河灣垸。

倒套垸堤長一千三百丈。嘉慶七年，潰口挽月，增長十九丈，共長一千三百一十九丈。十三年，制憲汪發商捐銀兩加修高厚，接馬灣垸。

鴇鶻垸堤長五百六十九丈五尺。乾隆五十九年，潰口挽月，增長二十

八丈嘉慶十三年制憲汪捷陡險飭發商捐銀兩加修高厚十七年大兄菴潰口挽月增長一十一丈共堤長六百八丈五尺接倒套垸

紫頭垸堤長七百五十三丈嘉慶十三年制憲汪飭發商捐銀兩上接大有菴起挽月長二百二丈一尺增長五十丈又飭發商捐銀兩挽月長六百八十二丈增長七十丈共堤長八百七十六丈於陡險處飭發捐銀兩加修高厚二十二年知縣王希琮合民加幫高厚堅固接鴉鵲垸

欽子垸堤長九百二十五丈嘉慶八年龍腦灣堤潰挽月增長二十丈十三年制憲汪飭發商捐銀兩挽修月堤長一百八十三丈增長二十五丈共堤長九百七十丈是年又發捐銀兩加修高厚接紫頭垸

下沙垸堤長八百七十五丈嘉慶十一年潰口十二年制憲汪勘捷飭發

商捐銀兩搶修月堤，增長二十二丈，共長八百九十九丈。此垸內色大有
垸堤險，又發銀兩加修高厚，接釵子垸。
寶豐垸堤長四百八十八丈，接下洑垸。
白栖泛堤長四十四丈。
李港垸堤長六百七十八丈五尺，接岳口。
灌溉垸堤長一百二十三丈五尺，接李港垸。
尹家垸堤長四百八十五丈五尺，接灌溉垸。
程鐵垸堤長七百七十一丈五尺，接尹家垸。
長樂垸堤長六百四十一丈，接程錢垸。
太臨垸堤長一千三百二十丈，接康熙乙巳決黃家灣，知縣吳文煊

增修月堤，砥築堅實，歷今無患。接長樂垸

觀音堂堤，長二百八十四丈五尺。接左臨垸

社湖垸堤，長八百八丈。嘉慶十三年，盤龍碑堤決，知縣河溥詳准十二鄰垸幫修，增長十五丈。是垸與觀音堂交界濱露庵堤，十四年六月決，二垸合挽月堤一道，長九十八丈，增長九丈。又是垸阿彌陀佛廟堤，十六年夏決，垸民獨力難支，知縣方遵轍勸諭豐新等團協夫幫修，增長十六丈，共長八百四十八丈。

三王廟堤，長二百九十八丈，下交漢川界。計二十八垸，共堤一萬七千七百六十丈。接三王廟

疏濬

牛蹄支河節年襄水泛漲淤淺，嘉慶十二年，知縣何溥詳請領捐墊工項二千一百餘兩，開挖淤河，自龍腦灣起，至劉家嘴止，長二千一百二十丈，面寬四五丈，底寬二三丈，深四五六尺，漢川同時接挖劉家嘴一形，起至咱張池口下止。嘉慶十三年，復淤，制憲汪親勘，飭知縣河溥領捐工項銀一萬零八百九十四兩零，開挖蘇家畈尾起，至劉家嘴止，長一千四百七十丈三尺。漢川、沔陽同時接挖，水勢暢流。嘉慶十五年，知縣汪遵轍領部價銀二萬四千五百六十四兩零，於牛蹄口門兩岸建築紫裏頭二座，暫收河口水勢。是年夏秋，另建石裏頭二座。今河道日漸淤淺，下流張池口等處皆已成田，惟襄水泛漲倒灌，可以直接漢水。

蓄洩

牛號支河南岸各垸剅、

河灣垸舊剅淤廢，嘉慶八年在廖家阧陡建洩水石剅一座、

倒套垸嘉慶十八年在盧毛灣建洩水石剅一座、

鵝鸛垸合十三垸向在郭家嘴建洩水石剅一座，今已淤廢、

牛號支北岸各垸剅、

李港垸建進水石剅三座，一名蕭家剅，一名雷家剅，一名鄭家

剅，此剅今已淤塞、

尹家垸康熙年間建進水石剅一座、

程鐵垸嘉慶元年建進水石剅一座

長樂垸，明李建魯家進水石到一座，康熙年間建吴家進水石到一座，建蕭家進水石到一座，建郭家進水石到一座。

左腦垸，白馬廟建進水石到一座，黄家灣建進水石到一座，易家灣建進水石到一座，青龍菴建進水石到一座。

學校志序

三代庠序學校之設制綦古矣漢令郡國皆立學校宋制京師創設太學是以人文蔚起風教丕變吾鄉自前清乙巳年罷科後戊申年遵制創設學校數處而私塾惟僻村野灣間尚有其風而已志學校

官校

校費　由本縣撥動公款或錢糧項下開支

校址　文昌閣自前清至民國四年間為本縣東路高等小學堂規模宏敞生徒濟濟為本縣學校之首後以學款支絀將四路高等小學重併歸縣立模範兩等而文昌閣因立鄉設

國民學校教授難以適宜而氣象亦因之日形頽敝矣

萬歲宮自前清創立初等小學校一堂至民國二年因文昌閣鄉設國民學校後遵制停辦

白馬廟自前清宣統年間設立初等小學校一堂迄辛亥變更無款停辦

泗州寺自前清創設後積極進行未嘗中輟

紅廟自前清開辦後至民國元年與白馬廟先後停辦

校規　民國四年前一切校規悉遵照部章後因鄉設國民學校管教員多因循委靡不加振作甚至先輩所置書籍及校內精良器皿任意毀棄以為己有如此教授安望有良好之國、

民戒、

私校

校費　由各東家擔任之、

校址　鎮街多有、同官校教授不良、啟迪生徒不足、欲壞子弟、有鎮紳乃公約延師者不一而足、

鄉村因距離官校路遠、不便走讀、大村巨族間多足稱聲、

校規　讀經攻史外、改良一二、如輿地、算術各科多兼教者、

教師資格　官校教員多濫竽充數、間足一二出於師範者、又不諳於教授、私校教員多老成宿儒、間足資格程度者、又甚於無人、雞鶩黑白顛倒、甚為教育前途惜焉、

寺觀志序

佛老之宮與秩祀之廟祠異，蓋神道設教，原以風良善、惕怍橫而已，非符籙咒禱妖言惑衆，以動蠢夫愚婦之心而廢其職守者也。志寺觀。

泗州寺在華嚴湖畔，相傳唐僧皎然尋陸羽至此。

東嶽廟在松石湖，有東岡，內有古木參天，大且數圍，相傳肇自有宋。

龍鎮觀在鎮後街，長溝繞其前。在前清光緒戊戌年，祝融肆虐，致遺焚如，僅餘殘鍾賸磬，荒草頹垣，過者罔不弔古情深。民國元年，鎮紳募修正殿一座，廟貌丕變，煥然一新矣。

白雲寺在鎮北四里許，中有古井，相傳通白龍潭，水味如蜜。至民國五年為匪所據，官軍剿清後，而寺亦付之一炬。現倡修者未知果否達其目的。

滴露菴在鎮東半里許，明萬曆乙卯僧本源建，廟基四畝。康熙朝僧靈旨建，崇桂方丈嘉慶己巳五月廟旁潰口，棟宇傾頹，田地沖塌。僧與可露宿破寺者五年，發愿增築舊基，掘東牆角得前僧照峯遺金二百六十餘兩，貸於人，經營數載，子母共計二千，復往募化，共得二千二百餘緡，而廟貌復新，師徒日增矣。

文昌閣，舊名澄江閣，在鎮堤下，高矗河干，遠眺沅湖，東閣俯瞰文河、龍潭，誠本鎮大觀也。

城隍廟，在鎮東十里許，創自漢魯肅，有靈槐古刹碑文，先輩周魯諸公發跡於此，為鎮諸寺首筆。

白馬廟，在鎮上街，寺宇巍峨，雄視時鎮首。

萬壽宮，在鎮下街，為清時行宮，今已改為民國萬歲殿，本鎮歲錢糧櫃設此。

碧潭庵，在鎮北半里許，前臨深潭，左依劉祠，亦清刹也。

大佛閣，在鎮街極尾，香火甚少，尼僧窘急不堪，故數年來還俗者時有所聞。

真靜菴、在鎮後街、田園屋宇、頗殷實、惟尼僧不安本分、遵經靜守、甚至套房暗室、其裝飾輝煌、佈置精潔、究如青樓妓女、入其室者、亦不覺身入勾欄中矣、皇皇佛堂、洵與真靜二字、大相悖謬矣、

觀音堂、在鎮後下街、其內容略與真靜菴同、